"十三五"国家重点出版物出版规划项目

诺贝尔经济学奖获得者丛书
Library of Nobel Laureates in Economic Sciences

经济增长动能
干中学的启示

Learning from "Learning by Doing"
Lessons for Economic Growth

罗伯特·默顿·索洛（Robert M. Solow） 著
陈耿宣　朱章耀　刘　洋 译

中国人民大学出版社
·北京·

前　言

　　本书的前两章是以我 1993 年受斯坦福大学经济学系的邀请所做阿罗讲座（Arrow Lectures）为基础。我非常感谢加文·赖特（Gavin Wright）教授和斯坦福大学的其他同事给我这个机会，向一位杰出的经济学家和一位 40 多年的老友致敬，同时我也很怀念我和我的妻子在帕洛阿尔托共度的愉快时光。出版内容基本和我所做的讲座吻合。但这并不是因为懒惰。我喜欢口语讲座的非正式语气，因为我担心期刊文章和论文的正式风格往往会掩盖理论本质上所具有的探索性、趣味性的特点，让这些理论显得过分重要。

　　从一开始我就很清楚，我所讲的故事得益于一些数值探测。所以，当斯坦福大学出版社表示有兴趣发表这些讲座时，我决定进行第三次"虚拟"讲座，来讲述一系列计算机模拟的结果。编程和计算是由艾琳·布鲁克斯（Eileen Brooks）完成的，当时她是麻省理工学院的大四学生。她以丰富的智慧、理解力和精力完成了这项工作。我要感谢李·沃德（Lee Ward）准备了第三章的数据，感谢斯坦福大学出版社的埃伦·F. 史密斯（Ellen F. Smith）提供的一份出色的、（至少对我来说）轻松的编辑工作。

出版社的建议是，如果这本书包含一些关于经济政策的评论会更好。接触那些从未经过实践检验或者不稳健的理论性经验而得出的严肃的政策建议会让我感到不适。（更不用说，我经常"浑身发痒"。）因此，我认为与其加入一篇早期的论文，其中包含一些不是从任何一个建模练习中得出的关于经济增长政策的一般性意见，不如总结各种增长模型的普适经验。位于华盛顿的约翰霍普金斯高级国际研究学院非常慷慨，允许我重印我于1991年在那里发表的欧内斯特·斯图克讲座（Ernest Sturc Lecture），并且，学校当时将它作为一本单独的小册子发行。我希望小册子的语言是得体的。

像往常一样，并且一年比一年更甚，我很感谢艾斯·哈金斯（Aase Huggins）和贾尼丝·默里（Janice Murray），他们录入了手稿，使本书成形，并确保我不会走弯路。每个人都应该如此幸运。

罗伯特·默顿·索洛

目　录

第一章 增长理论背景下的干中学

　　在过去，经济学教授们都是在业余时间做研究和写论文。我想，这些主题就像舒伯特（Schubert）的主题一样：并不是完全出于偶然，而是出于一个人的内部和外部环境中的可变因素的混合，因为每个人都有个人经历，每件事都有背景。在过去的那些日子里，他们很少会受邀为某个会议做演讲或写作。我们生产作品是为了储备，而不是为了订做。我喜欢这种体系。订做知识产品会导致退而求其次的结果。当然，并不总是如此：你可以把《哥德堡变奏曲》看作是一个惊人的反例，《迪亚贝利变奏曲》也是一样。很有启发性的是，这两首曲子都是变奏曲。

　　当我被邀请做阿罗讲座时，我觉得好像被一只有形的手引导到了一个预先指定的话题。阿马蒂亚·森（Amartya Sen）一定觉得他只是按照既定的秩序行事，他别无选择，只能谈论社会选择。如果弗兰克·哈恩（Frank Hahn）谈论了其他事，而非一般均衡理论，他就会觉得自己扰乱了一个精心安排的均衡。不知为何，"干中学"甚至在我开始思考之前就出现在我的脑海里了。从一开始就很明确，这注定是我在做讲座时学习的契机。

这个机会非常难得。《干中学的经济含义》（The Economic Implications of Learning by Doing，1962）几乎确定是阿罗最重要的一篇通俗理论。的确，在阿罗的著作中没有太多通俗的理论。但是，从任何标准来看，1962年的这篇论文都是很重要的。在"新"的或"内源"的增长理论中，它总是被引述为始祖。事实上，它不仅仅是始祖。我打算在这次讲座中提出的一点是，阿罗的论文差不多预见了新增长理论。可以说人们很容易得出这样的结论，如果他愿意的话，阿罗就能预测出新增长理论；但某种隐含的直觉可能会阻止他这样做。这是一个值得思考的问题，即直觉是好是坏；阿罗所回避的对增长理论的看法、那条没有走的道路，是否指向了正确的方向。

我在本章中的计划是首先阐述《干中学的经济含

义》，因为并不是所有人都对它很熟悉。这只是一个简短的、有选择性的阐述，毕竟每个人都能读到整篇论文；我也只是站在巨人的肩膀上。然后我将关注阿罗的模型与至少一个新增长理论的分支的关系，解读它是如何成为一种原型，又是如何超越一个原型的，当然，我们无从得知它是已经被淘汰了还是没有受到关注。我第一次读这篇论文是在 30 年前，我不记得当时我是否注意到它包含了一个显著的特例。事实上，有内部证据表明阿罗也没有注意到；这就是为什么我说这是"隐含"的直觉。在那之后，我将尝试把阿罗的论文作为一个跳板，以批判性角度考虑最近的惊人发展，这些发展使增长理论再次成为一个热点话题。最后，我将提出一个干中学模型可以发展起来的不同方向，实际上，这也是第二章的主题。

阿罗 1962 年的论文有一个明确的动机，即他希望将技术水平转化为经济增长理论中的一个内生因素。技术进步不可能完全是外生的，这并不是一个新的想法。企业（有时还有个人）花费宝贵的资源以求更有价值的技术知识。他们正在寻求金钱回报，有时会如愿。这种观察结果本身是画饼充饥，只有如何为获取新技术的过程建模这样有用的想法出现时，才会有所收获。

一种方法是将工业研究视为一项昂贵但逐利的活动。

有趣的是，阿罗并没有这样做。相反，他立刻转向了另一个想法，那就是学习而不是创造。他还强调了心理学家们普遍认同的观点，即"学习是经验的产物"。[特别的是，他指的是经济学之外的文学，特别是欧内斯特·希尔加德（Ernest Hilgard）的学习理论教科书和沃尔夫冈·柯勒（Wolfgang Köhler）的格式塔思想；而不是指约翰·杜威（John Dewey）的理论。]

真正重要的是，阿罗想到了一种方式来表示技术水平对生产经验的依赖。同样，他涉及了一些传统经济学之外的东西：当时，众所周知的是，美国兰德公司（RAND Corporation）建造飞机机身的直接劳动力需求作为累计产出的函数似乎经常下降，其弹性约为（负）三分之一。这种规律被称为"学习曲线"。因此，这个想法是建立一个模型来体现这样一种假设，即生产经验是作为一种副产品——一种生产力的自动提高——伴随而来的，我们也可能认为这是技术进步。当然，一旦知道了这一点，市场决策将把它作为生产的好处之一来考虑，正如飞机机身制造商们使用学习曲线的概念来预测成本和投标。

阿罗选择将投资总额视为学习发生的载体。资本设备以相同（无穷小）大小的单位起作用，使用任一设备单位可实现的生产力取决于该特定设备生产时已经进行了多少投资。关键是，生产力在高投资期间迅速提高，而在总投资减缓（或缺乏）时则缓慢上升（或停滞）。即使没有详尽的"研究"，生产力变化的时间率在适当意义上是内生的，它取决于经济决策，在这种情况下则是购买新的资本设备的决策。

飞机机身学习曲线是用累计产出而不是累计投资来表现的；"经验"的直观概念更容易由累计产出而非累计投资来体现。毕竟，某台特定机器的操作员有了经验会更加娴熟。阿罗对他的态度转变做了一个简短的解释，这一解释排除了这种学习的方式。但现在这对我来说似乎是捉摸不透的。我更愿意将其归功于通俗理论家的本能。当你解决了这个问题时，投资的使用会导向一个更有趣的模型。也许同样重要的是，累计投资具有一种叙事现实。经过折旧的修订后，它代表了资本商品的混合库存，而累计产出只是一个整体。相应地，累计投资的选择对直观的"典型"概念具有默认的吸引力，即：最新的技术体现在当前生产的设备中。总而言之，它给出了更好的解释。

1962 年的模型使用了一个有固定系数的经典模型［索洛、托宾、冯·魏萨克和雅里（Solow, Tobin, von Weizsäcker, and Yaari, 1965）也使用过这个模型］，提供了劳动力和特定年份资本之间事后替代的可能性［几年后，戴维·利瓦哈里（David Levhari）在这个方向上进行了概括]。因此，考虑过去到目前的总投资，新的设备总是比旧的设备效益更高，我们可以直接计算需要多少劳动力来操作所有的设备，先操作最新的设备，再到旧设备和更旧的设备。当所有可用的劳动力都被使用时，便达到可用设备和淘汰设备的边界。[竞争均衡的产品-工资不再使用这种明显的李嘉图式（Ricardian）的计算；它在淘汰边际留下零租金。] 这样就有可能把所有经济上可用的设备运行所产生的产量加起来。任何将总产出划分为直接消费和总投资的做法，都将把投资概况推向下一个时刻。根据其自身的规则，劳动力的供应也可能会增长。然后，这一阶段就是重复我所描述的过程。至少对于这个充分就业的案例，我们有了一个确定的增长模型。

阿罗论文的最后一段是这样的："人们一直认为学习只是普通生产的副产品。事实上，社会已经建立了各种机构、教育和研究，其目的是使学习能够更快地进行。一个更完整的模型将把这些作为额外的变量考虑进去。"事实上，增长理论文献已经做到了这一点，但还不足以令人信服，至少对我来说不是。我现在不想严重侵犯这一领域，就像阿罗30年前一样，不过稍后我将从不同的角度论述这一点。

阿罗的大部分分析都是基于一个高度具体的模型，我将跟随他的思路，不过我可能会使用一个更加通俗的版本。这里我必须重现几个方程式。

设 $g(t)$ 为 t 时刻的总投资率，设 $G(t)$ 为从"开始"到 t 时刻的累计总投资。什么时候开始并不重要，因为在充分就业增长的情况下，只有小部分设备是可操作的，其余设备都将被淘汰，因为所有可用的劳动力都被用于操作更新的、更有效益的、利润更高的设备。这是阿罗对于学习过程的描述。在可操作的情况下，任意一年的每一单位投资在每个单位时间里都能有一个单位的产出，那么，当它被淘汰的时候则是零。当过去的累计投资总额为 G 时，创建一个投资单位需要 bG^{-n} 的劳动力来操作该设备。所以学习能够节省劳动力，但产出是中性的。节省劳动力的强度与常用的机身函数一致（正如我所提到的，其中 n 通常大约是 $1/3$）。有可能出现这样的情况，学习是产出增加的，而非（或者也是）节省劳动力的，但我不会追求这种额外的一般性。所以边际淘汰量 G' 是由设置来决定的

(1) $L = b\displaystyle\int_{G'}^{G} g^{-n}dg$

当累计投资小于 G' 时建造的设备被淘汰。当前的产出率是：

(2) $x = a(G - G')$

求解（1）得到 G'，代入（2）中得到一种近似但非完全
的生产函数

$$(3)\ x = aG\left[1 - \left(1 - \frac{L}{cG^{1-n}}\right)^{1/(1-n)}\right]$$

只要 $n \neq 1$，其中 $c = b/(1-n)$。我会在适当的时候讨论
$n = 1$ 的情况。这并不是一个生产函数，因为 G 并不是一
个生产要素。要求"资本存量"是没有意义的，因为资
本设备是不同质的，而且在任何情况下 G 都能很好地解
释有关工资和利润方面的问题。

现在阿罗指出，无论是 $n < 1$ 还是 $n > 1$，这个"生
产函数"在 G 和 L 中都显示出按比例递增的收益。显
然，他是对的，但我认为 $n > 1$ 的情况是非常特殊的，这
个模型只有在 $n \leq 1$ 时才有意义。这项修改不仅仅是技术
性的。它提醒我们，$n = 1$ 是一种极端情况，而不是中间
情况，因此算不上特殊。

关于 $n > 1$ 有一些不好的说法，最简单的提示来自飞
机机身学习曲线本身。最初的实证发现，当 $n \cong 1/3$ 时，
在相同机身序列中生产第 k 架机身所需的直接劳动力投
入与 k^{-n} 成正比。同样，生产前 k 架机身所需的总劳动力
投入与 $1/1 + 1/2^n + 1/3^n + \cdots 1/k^n$ 成正比。现在假设 $n >$
1，正在学微积分的学生，至少已经学过微积分的学生会

记得，当 $n > 1$ 时，无穷级数 $\sum_{k=1}^{\infty} k^{-n}$ 收敛，当 $n \leqslant 1$ 时，该无穷级数则发散。这意味着，如果 $n > 1$，只需要有限的劳动力就能生产无限数量的机身。更准确地说，$n > 1$ 意味着一定数量的劳动时间 $\overline{L}$ 具有以下性质，无论机身序列如何，无论多长，都需要 $\overline{L}$ 小时的劳动来完成。这似乎与稀缺性的概念相矛盾。经验值 $n = 1/3$ 可以安全地远离极端值。

不管 n 是小于还是大于 1，非完全生产函数（3）都具有纯粹的代数意义。（边界情况 $n = 1$ 仍然保留，供以后讨论。）当 $0 < n < 1$ 时，L 小于 cG^{1-n}，因为后者是运营所有过去的总投资所需要的就业，而根据定义，L 就刚好足够操作未被淘汰的部分。如果 $n > 1$，$c = b/(1-n)$ 为负，并且（3）式小括号中的整个表达式超过 1；它的幂是负的，因此结果还是正的。

直接计算得到 G 的"边际产量"为：

$$(4) \quad \frac{\partial x}{\partial G} = 1 - \left(1 - \frac{L}{cG^{1-n}}\right)^{\frac{n}{1-n}}$$

n 在 1 的两边都是正的。（劳动力的边际产量也是如此：少量增加的劳动力的可用性将使淘汰的边际后移，从而增加产出。）

另一种区别是：

(5) $\dfrac{\partial^2 x}{\partial G^2} = -\dfrac{nL}{c}G^{n-2}\left(1 - \dfrac{L}{cG^{1-n}}\right)^{\frac{2n-1}{1-n}}$

现在值得注意的是，如果 $n<1$，则表达式为负；总投资回报递减，此处不需详述。但是，如果 $n>1$，符号就变了。G 的收益在增加。这两种情况下确实都存在规模收益递增，但这并不重要。重要的是，只有 G 的收益在增加。它为什么这么重要呢？

在前面关于学习曲线的评论中有一个定性的暗示：$n>1$ 允许在有限的劳动力下（没有其他生产要素）有无限的产出。阿罗又在自己的计算中进一步暗示，如果 L 以任意给定的速率呈指数增长，那么在这个模型中是否有可能出现指数稳态增长。假设产出中有固定的一部分成为总投资。然后，如果产出要呈指数增长，投资必须以同样的速度呈指数增长。看看非完全生产函数就会明白 L 和 G^{1-n} 必须以同样的速度增长。现在一切都准备就绪了。如果就业和劳动力以 γ 的速度增长，那么产出和投资都必须以 $\gamma/(1-n)$ 的速度增长。

如果 $n<1$，一切都没问题。存在唯一的稳态配置，它的增长率刚刚确定，只取决于就业增长和学习参数。产出和投资水平是由投资配额决定的，也就是 s。正如阿罗在 1962 年指出的，这是旧增长理论中常见的标准模式。

在此我可以就阿罗的研究做进一步的探讨。他说，他还没有研究过他所确定的稳态的稳定性，即使是在总投资率不变的基本情况下。因为规模收益递增，稳定性不是必然的，即使在 $n<1$ 的情况下。然而，阿罗模型碰巧属于一个可以直接分析的类型，关键的观察结果是，（3）式的右侧变量 G 和 $L^{1/(1-n)}$ 的一级是齐次的。这一事实证明，在 $n<1$ 的条件下，总投资率恒定的路径都收敛到一个适当的稳态。除了从自主技术进步到投资学习的重要转变外，这与旧增长理论完全相似。

但如果 $n>1$，同样的论点告诉我们，唯一的指数稳态是，指数增长的就业伴随着指数下降的投资和产出。阿罗从来没有明确地注意到这一点。我的推测是，他凭直觉回避了这个情况，就像一个经验丰富的舵手在熟悉的港口避开一块暗礁一样。

当然，一旦你关注这个反常的案例，你会发现它在警醒我们哪里出错了，就像年轻的充满活力的凯恩斯主义者们过去曾经认为的那样，不要从字面上理解"负乘数"，将其与大于1的边际消费倾向关联到一起。在阿罗的案例中是这样解释的：没有有意义的指数稳态。事实上，一个具有 $n>1$ 的学习弹性的经济体会在有限的时间内爆发出无限的输出，这远远超过指数。但委婉地说，$n>1$ 的情况是不切实际的。正如前面指出的，它似乎与稀缺的概念不一致，因此也与经济学的概念不一致。

如果我的表述足够清楚，那么学习弹性小于 1 是很容易被接受的，而学习弹性大于 1 是不可能被接受的，$n=1$ 就是边界。这要么是最不可能的情况，要么是最不容易的情况。显然，现在是时候明确地研究这个案例了。

显然，在非完全生产函数（3）中，我们不能仅仅令 $n=1$，记住 $c=b/(1-n)$。但是，要么从（1）式和（2）式中重新开始，要么在（3）式中做一个求极限的步骤，两种情况都很简单。在 1962 年的文章中出现的结果是：

$$(6)\ x = aG(1 - e^{-L/b})$$

无须计算就能看出，劳动的边际产量呈正向递减。有趣的是，它在 G 中是线性的。与往常一样，该模型的重要特征不是它继续表现出规模收益递增（正如它所做的那样），而是这种边界情况对累计总投资的收益是完全恒定的。因此，单位弹性学习的情况直接导致了新增长理论的一种更简单的形式的产生。

线性的主要影响是十分明显的。假设当前产出的一个给定部分 s 转化为总投资。由（6）式可知，G 的增长率为 $sa(1 - e^{-L/b})$。所以 G 的增长率取决于每一轮的投资配额。实际上，人们可以谈论得更多。除非就业是恒定的，否则在这个模型中没有完全的指数稳定状态；但如果就业量随着时间的推移而增加，无论是否呈指数增长，模型经济都越来越接近一个稳定状态。累计投资的增长率随着时间的推移而增加。产出增长率总是比累计投资增长率略高，但它们都收敛到一个恒定的稳定增长率，这个增长率是 sa，这也正是我的老朋友兼同事埃弗塞·多马（Evsey Domar）50 年前提到的。在这种特殊情况下，稳态增长率是投资配额和增量产出资本比率的乘积。毕竟种瓜得瓜，种豆得豆。

因此，$n=1$ 时干中学是一个典型的新增长理论模型（因为它们与资本的线性关系，其中一类通常被称为"AK 模型"）。在新增长理论家们看来，通常的做法是用这样一个想法来取代武断的投资配额，即由经济来执行永生的个人或王朝的无限时间、完美预见和跨期优化计划。我发现我本能地抗拒这种做法。在我看来，把我这一代人从弗兰克·拉姆齐（Frank Ramsey）那里学到的描述性理论看作一个规范理论，似乎是愚蠢的。这个理论讲述了一个无所不知、无所不能，但仍然正直的规划者会怎么做。这就是阿罗在 1962 年的论文中所阐述的；我不知道他是否还像我一样坚持用旧方法。这对增长理论来说并不重要。从长远来看，这两种方法是相同的，尽管它们在短期内可能会有所不同。

现在你明白了，我在一开始就说，如果阿罗愿意的话，他是可以预测新增长理论的。方程（6）出现在他的论文中，之后他有时，但也不总是强调要记录在特殊案例 $n=1$ 中发生的情况。他从不单独考虑 $n>1$ 的情况。在这篇论文中，阿罗列出了描述稳态增长的关系的部分，但并没有阐述 n 的替代价值。他一定是只考虑了 $n<1$ 的正常情况，否则他肯定会谈及负增长率出现的情况。

还有另一个文本证据。在他完成了对完全就业版本的模型稳态属性的调查（我在这里唯一考虑的模型）后，阿罗表示："和许多增长模型一样，这个系统中变量的增长率并不取决于储蓄行为；然而，变量的水平确实取决于储蓄行为。"当然，如果 $n<1$，这个命题成立，否则命题不成立。

我已经把阿罗未能发现与 $n=1$ 相关的特殊性（更不用说 $n>1$ 了）归因于理论家的本能。现在必须面对的问题是：他放弃了预测新增长理论版本的机会，他的直觉是否正确呢？或者，我们可以更准确地用凡勃伦（Veblen）所说的"过度训练无能症"的讽刺概念来代替"理论家的本能"。我不想再去深究这个复杂的问题，但通过阅读和思考干中学相关的论文，我的确萌生了一些想法，这些想法好像是在这样的语境下的，尽管它们对增长理论影响深远。

我想说的第一点非常重要；但事实是，显然大家都没有讨论过这一点，这让我对它的重要性产生了怀疑。

至少 AK 版本的新增长理论背后的关键假设是完全不稳妥的。自然必须采取一些正确的方法，否则这个理论就会以某种方式消失。一个如此不稳定的理论无法向我们解释为什么大自然如此乐善好施。

对于这个说法有充足的准备工作，但我要明确说明，且要反复申明这点。如果学习曲线的弹性小于 1，则阿罗模型是对旧增长理论的贡献。它增加了一些新而不同的东西。但它通过了试炼：自发的或政策引起的投资变化不会改变增长率，而只会改变整个稳态路径的水平。或者，如果学习曲线的弹性大于 1，阿罗模型——不单单是阿罗模型——就会产生一种大爆炸，剥夺了它的合理性，甚至剥夺了代表一个稀缺世界的能力。只有当学习曲线的弹性恰好是 1 时，模型才具有新增长理论的特性，即资本收入的税率的变化，或其他任何提高储蓄-投资率的东西，都将永久地提高稳态增长率。

我说得有点夸张了，当然，确实可以说，如果学习弹性只略大于 1，大爆炸需要很长时间才能显现出来；产出将在有限时间内增长到无限，但这个期限很长。然而仍然没有足够的回旋余地，n 必须几乎等于 1。这个模型可能不是完全非稳健的，它只是不够稳健。

我讲的关于阿罗模型的内容的确更宽泛。新增长理论有一个很大的子类，它以假定的产出和资本的比例为

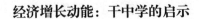

基础发挥作用，由一条与多马相似的路径导出了一个和多马相似的结果。然而，经过进一步的研究，让产出相对于资本的弹性超过 1，大爆炸就会在前方出现；一个恒定不变的投资速度足以在有限的时间内产生无限量的产出。

世界可能正好就是这样的。但你必须成为一个真正的冒险家，才能把经济增长理论建立在一个大胆的推测上。牛顿的万有引力平方反比定律听起来就是一个十分大胆的尝试。一个物理学家朋友告诉我，如果正确的陈述碰巧涉及逆 2.1 或 1.9 次幂，牛顿的宇宙就不会崩溃。毫无疑问，它可能就不那么美丽了。那些整齐闭合的椭圆轨道会提前很多。事实上，相对论的修正导致了爱因斯坦关于水星轨道运动的著名预测，就像是平方反比定律的微小偏差一样起作用。毫无疑问，更大的偏差可能会造成一个完全陌生的宇宙或一个不稳定的宇宙。然而牛顿似乎比新增长理论给予宇宙更多的自由空间，尽管我更愿意接受万有引力平方反比定律是自然的结果，而不是相对于可累计的生产要素的产量相对性。

规模收益不变的假设是否是同样的非稳健性假设？它只是在这种情况下才普遍存在于旧增长理论中吗？规模收益不变当然是一个临界情况，不太可能在实践中出现。区别在于，旧的增长理论可以完全适应递增或递减

16

的规模收益。的确，如果我们坚持产生指数稳态，非恒定的规模收益必须以某种特定的方式进入；但这纯粹是一个便利性问题，并不影响基本原理。

总而言之，我认为新增长理论的 AK 版本是一次偶然发生的事件。因此，到目前为止，阿罗的直觉是合理的。但是，有必要更进一步地探索是否有任何实质性证据来支撑可重复生产要素集合的恒定收益的假设。最初我认为是没有的。事实上，要想提出一个令人信服的实证案例几乎是不可能的。与恒定的资本收益率相一致的观察结果也将不可避免地与资本收益率增加和减少的合理范围相一致。但这两种选择都给这个理论带来了麻烦。这正是这些非稳健性理论给不精确的科学造成困扰的原因。和经济学家的健康状况相比，它们需要更多的信念。

实际上，经验主义的情况甚至更加糟糕。标准实证练习是一种跨国回归，以实际产出增长率（一段时间内的平均增长率）作为因变量。解释变量包括在可重复资本收益恒定的特殊情况下有助于确定永久增长率的条件，但只对收益递减下的短暂影响负责。一段强大、稳定的关系可能成为支撑 AK 模型的证据，尽管这个测试是相当间接的。但事实上，这种跨国回归一点也不强大和稳定。更准确地说，回归系数的大小和显著性对规范的细节非常敏感：所选择的特定自变量集、样本周期、所提出的关系的函数形式，以及计量经济学方法的变化。这些结果当然与新增长理论并不相容，但它们肯定不能将先前的怀疑主义转变为后验信念。

最近对新增长理论的更为直接的测试结果似乎更糟。哈佛大学的戴尔·乔根森（Dale Jorgenson）的博士生纳兹鲁·伊斯林（Nazrul Islam）的文章利用时间序列分析和横截面数据分析的综合方法，得出了有利于旧增长理论的结论。这既是好消息，也是坏消息。该政策对提高永久增长率无能为力。但在其之后也没有多少政策会把事情搞砸了。

然而，有一个完全不同版本的新增长理论似乎更值得期待。它试着去做阿罗没有尝试的事情：将创造新技术的过程建模为一种特殊的使用自身技术来利用资源、寻求利润的活动。该理论的这一分支将技术进步内生化，不是作为投资或常规商品生产的副产品，而是作为技术进步本身。

不用说，任何这样的模型只有作为研发过程来描述时才令人信服。毫无疑问，这种思路产生了一些有趣甚至激动人心的想法。不太清楚的是，它是否能够分离出创新的发现和扩散的基本特征。我记得至少有一些研究关于研发的历史性事实的经济学家认为增长理论家们远远达不到目标，并且对他们得出的结论提出质疑。

这在一定程度上可能是研究机构和行为的学者对理论家必要的抽象的自然反应。毫无疑问，那些写下短吻鳄适应性反应模型的理论生态学家只会引起研究和热爱生活在鳄鱼栖息地的其他动物的人的蔑视。这才是意料之中的事。将这两种风格融合在一起并不容易，所以密切观察者将决定在满足模型构建者的需求的抽象概念中哪一个是最好的，而模型构建者会为了一些额外的描述性事实，放弃一个整洁且对称的模型，而另外构建一些不怎么好看的模型。我不记得是谁说过，任何想让狮子和羔羊一起躺下的人都需要稳定的羔羊供应。在这个案例中，我们还不清楚哪一方是狮子或鳄鱼。

在对研究过程建模时，一些最早的新增长理论论文对可累加要素的不变收益的单一情况作出了同样不明智的承诺。例如，人们有时会发现一个大胆的假设，即被定义为"人力资本"或"技术知识"的存量的增长率是花在培训或研究上的劳动时间的函数。这就是微分方程 $dH/dt = kHf(L_H)$。这里的问题和我之前提出的问题是一样的。将其推广为更灵活的公式 $dH/dt = kH^m f(L_H)$。如果 $m<1$，毫不令人吃惊，你会发现，现在模型成为了旧增长理论；如果没有技术进步的外生来源，它就不能产生持续的生产力增长。如果 $m>1$，该模型再次提供了大爆炸。任何恒定的劳动力分配 L_H 和人力资本积累

（或研发）将推动人力资本（或技术知识）的存量在有限时间内达到无限；在正常假设下，产出也是这样。只有当 $m=1$ 时，模型才会运作。当然，很明显，增长率 H 就是 $kf(L_H)$。因此这可能不难推导，L_H 的一次彻底的变化会导致 H 的增长率产生永久性变化，进而导致总产出增长率的变化。

如果这些就是全部，那么适用于 AK 理论的质疑也同样适用于这里：整个理论会基于一个无根据的假设。但幸运的是，这并不是全部。新增长理论的内生创新分支已经能够超越这个过于简单的公式，转向更复杂和有趣的叙述。和 AK 版本一样，这个分支的先驱是保罗·罗默（Paul Romer）；但是各种各样模型的出现未免太过随意了。当理论家对制度事实知之甚少，当那些知道的人不愿或无法将它们简化为理论家可以使用的框架时，就会发生这种情况。我不会详细地探索这一思路，因为我的主要兴趣是经济增长的建模，而不是研发的建模和技术进步的来源。但是我必须承认，我从吉恩·格罗斯曼（Gene Grossman）、埃尔赫南·赫尔普曼（Elhanan Helpman）、菲利普·阿吉翁（Philippe Aghion）、彼得·豪伊特（Peter Howitt），以及我的麻省理工学院前同事阿尔文·杨（Alwyn Young）的工作中获益匪浅。

与其在这一点上进行总结，我宁愿展望未来，并指出我的论点的发展方向。阿罗的成就是构建了一个增长模型——一个旧增长模型，其中技术变革是内生性的：内在化的，但不是目的性的。这是对这一模型的公正评价。对于我自己来说，"创新"的概念已经消失了。这并不一定是可悲的。的确，离散创新的概念可能在微观层面上是对一个重要过程的有效描述。即便如此，当事件作为一个整体被累积到经济规模时，把总体"技术水平"描述为时间或累计总投资的光滑或轻度不规则函数，也没有什么实质性的损失。除了纯粹的科学好奇心之外，我可以想到两个原因。

第一个原因与政策有关。一个想要加快（或减缓）技术进步的社会需要了解一些微观层面的过程，以便设计有效的激励措施，甚至作出集中决策。这就足以继续从经验和理论上进行研发了。正如我所说的，沿着这些思路，我发现了一份令人振奋的文献。

第二个原因让我很感动。这一想法来自许多最近对美国制造业前景的研究，当然也不可避免地同日本进行了比较。似乎有两个运作过程，而不仅仅是一个。更明显的是离散创新的出现，有一些是主要的，有一些是次要的，其发展改变了现有行业中产品的性质或生产过程的性质，甚至可能导致公认的新行业的创建。这些创新可能是无意识的或意料之外的活动的产物，人们称这种

21

活动为研究。一些不太明显的过程通常被描述为产品和过程的"持续改进"，它包括在标准产品的设计和制造方面正在进行的一系列小改进，使得客户满意度、质量、耐用性和可靠性提高，并持续降低生产成本。这些改进通常出现在工厂车间或靠近工厂的地方。它们可能与从事研究的人完全无关，而且也不是研究活动的产物。如果你必须对持续改进的过程进行简短的描述，"干中学"会非常贴切。

在下一章中，我将尝试延伸阿罗模型，使它结合两种技术进步的方式。我会假定有一个不稳定的创新流，每次创新都可以大幅提高生产率。在我看来，这些可以被视为外生的。我的意思是，我是一个不折不扣的宏观经济学家。我主要感兴趣的是技术变化和总体增长之间的关系；研究部门的经济学是次要的问题。但我想提出的公式是，该公式可以任意增加内生性变量以增加某一方面（如从经济环境到创新的速度）的联系性。

与此同时进行的是一个持续的干中学过程，这与1962年阿罗所做的类似，因此与总投资挂钩。主要的区别是，我认为要不是因为时常出现的一些突破性创新，干中学很快就会耗尽自身。

我希望这种模型比它的任何一个变量都能捕捉更多信息，但这还有待考察。此外，从经验中学习也值得关注。

第二章　创新与持续改进相结合

　　关于从科学研究到提高生产率的途径，有一个通俗理论，那就是理论科学家发现事物的基本性质，应用科学家将这些基本发现简化成事物更普遍的特征，并且这些事物或多或少为大众所熟悉。更多的应用科学家和工程师甚至利用这些知识设计新产品，发明以合理成本制造新产品的新方法。工程师将所有这些转化为可行的生产计划，也许设计新型的资本设备就属于这一过程的一部分。最终，因为新产品比它们所替代的产品更有价值，或者生产可以达到更高的效率（或者两者兼而有之），所有脑力付出都会转化为更高的生产率。这种事件链的"线性"模式会促进技术进步，似乎也解释了大多数的公众讨论，这些讨论是关于科学技术体系是否健康以及在支持和改善科学技术体系方面政府应充当的角色。

线性模型并非完全错误。例如：以科学内部问题为动机的研究（如解决异常现象、说明持续存在但无法解释的经验规律）和以科学外部的直接应用问题为动机的研究（如创造一种能在特定极端环境下发挥作用的研磨剂，或设计一种能在合适的时间打开汽车安全气囊的传感器）之间存在区别。经济学家在自己的工作中很容易发现类似的区别。

然而，相关人员对创造和使用新技术的人、机构和过程进行了密切观察，发现线性模型具有高度误导性，例如，它过于单向了。无论是在产品方面还是在工艺方面，有相当多的新技术都源于消费者而不是生产者，因此这些技术是向上游而不是下游流动的。但我更感兴趣的是通俗理论模型的另一个缺陷，也就是我在上一章结尾提到的那点。生产率持续改进的一个主要组成部分与研发综合体几乎或根本没有关系。这不仅仅是好奇。因为在成熟的行业中，日常持续改进产品和工艺可以说是生产率提高最重要的来源，在这些行业中，成功公司与失败公司的区别也就在于此。

我的工作假设是，"干中学"实际上就是持续改进。总投资的流动通常不会创造出任何值得被称为新技术的东西。然而，它确实创造了有用的专有技术，改进了工厂布局和原料处理，节约了紧固件的数量和位置，节省了人们在工作分配时的时间和精力，并且在用几乎不变的方法生产数量稳定的产品时，发明了大量提高质量、减少浪费的其他方法。这些改变几乎就发生在生产机身的过程中，但这不是技术变革。当然，最能衡量"干中学"机会的可能是累计产量，而不是累计总投资。秉持着始终如一的原则，我将沿用阿罗的原始公式。无论如何，大体的经验教训是一样的。

通过持续改进来识别"干中学"确实表明了过程建模方式的显著改变。在给定技术的框架内，生产率的提高范围可能是很有限的。在阿罗模型中，"干中学"不能期望将操作机器的劳动需求随意降低至接近零，而这正是经典学习曲线公式所要求的，即把与单位投资相关的劳动投入设为 bG^{-n}，其中 G 是所涉机器制造完成的累计总投资。因此我将修改模型，将相应的劳动投入设为 $B+bG^{-n}$。如果我们坚持阿罗的假设，即无论何时使用投资，每单位投资的产出率都是 a，这意味着在给定技术的框架内，"干中学"只能将劳动生产率提高至极限值 a/B。原来的模型设 $B=0$，所以可以用这些条件来描述无止尽的经济增长。按照我目前的解释，这是不可能的，但这的确是它的意义所在。

这种有界"干中学"的观点是我个人的，但其实从一些具有独创性的论文中可以发现，阿尔文·杨已经对有界"干中学"的大体概念进行了探索。杨的兴趣点主要在创造新技术的活动。他将深思熟虑的技术进步建模为基于各种可能性创造的新产品和更新的产品。一旦发明了一个全新的产品，就可以通过自主的"干中学"降低成本，其关键在于累计生产。然而，这个过程本身是有限的，最终它会走到尽头，先前的最新产品迟早会被其他产品取代，并最终过时、不再出现。增长的形式是通过大量革新目前生产的商品种类来提高消费者满意度。我可以看到这种方法的魅力〔让人想起格罗斯曼和赫尔普曼（Helpman）的质量阶梯〕。但我着迷于通过提高劳动生产率来实现总体增长，所以我将坚持使用更简单、更传统的隐喻。

遗憾的是，这个看似无害的常数 B 使模型更难明确处理，我是指通常不能写下像第一章（3）式这样简单的方程，这里没有更深层次的概念问题。因此，从现在开始，我将只处理 $n=1/2$ 的特殊情况，因为它允许显式解（得益于二次方程）。如果这种情况不能很好地代表 n 的其他值，那就令人惊讶了。如果 n 再小一点或再大一点，通常会很容易看出质的区别。

完整起见，我将像之前那样写下修改后的阿罗模型。实现充分就业需要淘汰边际恰好等于耗尽劳动力的供应：

(1) $L = \int_{G'}^{G} (B + bg^{-1/2}) dg$

下一个方程不变。总产出是仍在使用的过去总投资额的倍数：

(2) $x = a(G - G')$

当 $n = 1/2$ 时，（1）式可以通过二次方程求出 G'，然后将结果代入（2）式并得到一个更复杂的表达式，即前一章的非完全生产函数：

(3) $x = a\left[d\sqrt{\dfrac{d^2}{4} + G + d\sqrt{G} - \dfrac{L}{B}} - d\sqrt{G} - \dfrac{d^2}{2} + \dfrac{L}{B} \right]$

其中 $d = 2b/B$。

从（3）式可以看出，给定 L 的总产出似乎是无界的，这与我前面所说的相反。然而，在计算中考虑到需求的不均等，结果却并非如此。事实上，从（1）式可以明显地看出 $B(G - G') < L$，从（2）式可以看出 $x < aL/B$（符合常识）。因此，如果我们所说的经济增长模型是指每个工人的产出无限增长，那么等式（3）不能成为经济增长模型的基础。这正是创建修正模型要说明的要点。"持续改进"并不是无界增长的适当基础。无论第二次世界大战持续了多久，如果某些技术没有取得突破，制造 B-17 机身的工时不可能减少到可以忽略不计的程度。有界"干中学"很像没有外生技术进步的旧增长理论。

产出的增长速度最终只能与就业率同步。事实上，考虑到基础技术的固定比例特性，这个模型越来越像哈罗德-多马模型。

我将继续使用固定系数，但同时我也将重新引入技术进步的外生变量（不同于"持续改进"和"干中学"）。外生性对我来说并不是原则性问题。众所周知，技术创新的过程中存在着一个重要的内生因素。我们可以注意到周围一切正在做出的相关决定。坦率地说，我怀疑创新中还有一个不可或缺的因素，甚至是"真正"的外生因素，不管这意味着什么，至少不能完全用预期利润的计算方法来解释。无论如何，技术进步的内在特征不在我的知识计划之内。我将以一种方法建立创新模型，这种方法能够轻松嫁接创新过程的任何连贯理论。我使用的特殊方法很像菲利普·阿吉翁以及彼得·豪伊特的重要论文中的方法。在那篇论文中，他们确实内化了我认为是外生的因素。他们找到了新增长理论合理的含义，但也留下了一些残余的任意性。

我要做的是假设有一个不规则的创新流。每次创新发生时，下限 B 都会以系数 $q(q<1)$ 减小。因此，在 k 项创新发生后（这与特定时间间隔的推移不同），B 的当前值是 $q^k B_0$，其中 B_0 是给定的"初始"值。所以，我默认将衡量创新"规模"的 q 视为一个常量。每次创新都

同等重要，这是一种简化的说法。想象一下，一旦创新
出现，其规模 q 是从单位区间上的固定频率分布中得出
的。自然的假设是，非常小的 q 值——即非常"大"的
创新，是非常罕见的，而接近 1 的 q 值是最常见的。如
果运气好一点、偷奸要滑少一些，就有可能实现这个计
划；它当然也可以在蒙特卡洛（Monte Carlo）练习中体
现。然而，就我的目的而言，使用相同规模的创新就足
够了。

关于创新的发生，最简单的说法是它们形成了一个
抵达率为 m 的泊松过程。也就是说，在任何长度为 h 的
很短的时间间隔内，创新发生的概率是 mh，创新不发生
的概率是 $1-mh$。任何人只要了解创新过程的相关理论，
就可以让抵达率 m 成为经济变量的函数。当然，这是新
增长理论的内生创新分支所做的。我希望该理论一切顺
利；如果我听起来持怀疑态度，那是因为我确实如此。
这里可以尝试一种不同的概括，而且我更好奇它是如何
起效的。当然，泊松过程假设在任何一对不重叠的时间
间隔内的创新都是统计学上的独立事件。更贴近生活的
说法是，尽管有些发现是孤立的，但其他的发现则开辟
了一个完整的领域，更有可能带来更多的创新。要描述
这种情况需要一个更复杂的随机过程，但是它会产生更
广泛的可能性。

　　还有另一个建模要做，对此我也想采取简单的方法。想想创新出现后的情况。为了避免被复杂性分散注意力，设想一下，自从上次创新以来已经过去了很长时间，而所有实际使用的资本都是在上次创新之后发生的总投资。现在我想比较一下新技术下的第一单位投资和旧技术下的最后一单位投资。两者产出是相同的，都为 a。那么劳动力需求如何呢？在新技术下存在离散的劳动力节约，如果之前和现在的创新分别是序列中的第 k 个和第 $k+1$ 个，则其差额是 $(q^k - q^{k+1})B_0$。问题在于"干中学"部分：它是重新开始，只适用于新技术下的投资，还是之前的学习可以不受影响地延续到新技术中？

　　在假设一[①]中，使用新技术的初始生产成本可能远远高于使用旧技术的成本。据推测，企业会投资新技术，因为它们相信这样做最终会有利可图。"干中学"可以在未来实现充分的成本节约，但如果下次创新来得太快，这一预期可能会被证明是错误的。假设二[②]就不存在这样的问题。通过创新可以实现完全节约，先前的学习和新技术的初始成本都会更低。投资最新的技术总是立竿见影的，而且随着"干中学"的推进，成本将进一步降

---

① 假设一指"它是重新开始，只适用于新技术下的投资"。——编者注
② 假设二指"之前的学习可以不受影响地延续到新技术中"。——编者注

低。因为假设二明显更简单，所以我将采用假设二，即学习是一般化的技术，并且可以不受影响地延续到后来的技术中。甚至更复杂的混合情况也是可能而且可行的。对于研究创新的学生来说，他们可能对混合情况更感兴趣，但这并不是我的目标。

因此，在 $k+1$ 代技术中，运行一个投资单位所需的劳动力是 $q^{k+1}B_0+bG^{-1/2}$，其中 G 是从投资开始以来的累计总投资。最初，实际使用的生产能力包括体现第 k 代、第 $k-1$ 代的投资，也许还包括早期技术的投资。在充分就业版本的模型中，（1）式必须进行明显修改，以表述连续几代技术的总和。当然，我们也不期望得到像（3）式那样完整的公式了。从 G' 到 G 的区间被分成若干子区间，每个子区间对应给定的一代人，随着一代人让位于更年长的一代人，B 会不连续地上升，系数为 q^{-1}，一直到所有可用劳动力实现就业。这决定了淘汰边际，继而又决定了实际工资，更确切地说是完全竞争的实际工资。

如果在淘汰边际的投资单位属于第 i 代，序号为 G'，则产品工资必须为 $a/(q^iB_0+bG'^{-1/2})$，因为在广度边际上，租金为零。随着时间的推移、总投资的增加以及总是采用最新的技术，淘汰边际会通过更高的 G' 值平滑移动。产品工资的平稳增长得益于过去的"干中学"。但是，当一整代的投资不再使用最新技术，而几乎被淘汰的投资单位却包含最新一代的技术时，产品工资偶尔会出现激增。

很容易看出租金和利润是由总投资的超边际单位进行工资支付后的剩余部分确定的，所以我不需要详细说明。快速创新似乎在以下特殊意义上对租金有利：如果最近的创新发生得早一些，总投资的路径不变，那么充分就业的工资实际上更低，租金总额更高。最终，随着创新步伐的加快，工资也会增加。创新的速度和时间、总投资的速度和时间以及"干中学"的强度，使得收入总额及其在工资和租金之间的分配复杂化。鉴于这一过程的复杂性和不确定性，研发支出的商业决策往往是按照听起来合理的经验法则或者模仿他人的做法作出的，这就不足为奇了。

在这个模型中，每单位产出的劳动需求——生产率的倒数——是两部分的总和。给定总投资的时间路径，持续改进的部分是确定的。创新部分是一类对数相等的单向随机游动步骤。如果我们看看最新的工厂的生产率，持续改进的部分提供了一个平稳上升的凹面时间路径，以不规则间隔间断上升，这是因为最新的工厂代表了最新的技术。这些创新性步骤的规模可能各不相同。如果人们对模型细节的理解过于字面化，那么可以说，随着总投资的累计量变得非常大，创新性增长在很长一段时间会成为近似等比例的增长。但我不赞成这么做。

这种扇形模式仅指技术前沿的生产率。就整个经济而言，劳动生产率必须超过目前使用的、代表几代技术的总投资单位的平均数。这并没有什么不确定或模糊不清的地方。然而，生产率的发展趋势以一种复杂的方式取决于连续创新的时间，以及某一代技术处于前沿随机区间内的投资速度。总投资路径在这一过程中发挥着双重作用：一是它提供了每一代技术在整个经济的平均生产率水平上的权重。二是它是确定可行技术和不可行技术之间淘汰边际的主要因素。

总体生产率的发展趋势代表真正的创新和"干中学"。创新的速度越快、规模越大，创新的重要性就会越大（较大者是 m，较小者是 q）。投资的速度越快、学习强度越大，"干中学"的重要性就会越大（G 增长越快，n 越大）。这是这一模型给我们的启示，也是最全面的启示了。

我想通过考虑稳态来进一步研究这一概念。关于增长理论的典型论文或演讲早在此之前就已经讨论过稳态了。稳态的宽泛定义是：稳态是模型的一个解决方案，在该模型中，重要比率（例如人均数量）要么是常数，要么呈指数级增长。大多数增长理论是关于稳态的：它

33

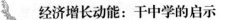

们的存在，它们作为吸引子的性质，它们作为比率和增长率的决定因素。正如我在第一章指出的那样，阿罗1962年的论文便是如此。这种对稳态的关注造成了对它们所起作用的相当大的误解。例如，新古典主义理论有时会因为其过度和不切实际地依赖对稳态的分析而受到批评。

首先需要说明的是，关注稳态曾经被认为在经验上是正确的。尼古拉斯·卡尔多（Nicholas Kaldor）描述了经济增长的六个"典型事实"：资本-产出比保持稳定、生产要素占国民收入分配份额保持稳定、生产率和实际工资稳速增长等等。这些都是实现稳态增长的诀窍。一个具有稳定稳态的模型正是博士所要求的。毫无疑问，这种趋势由于可以进行稳态分析的清洁系数而得到加强。我们只需要计算重要参数的变化如何影响几个少数比率，甚至是更少数的增长率。我仍然会如实对遵循这种模式的论文进行鉴定，其相关性和便利性的结合是难以超越的。

适应稳定稳态的能力不是自然产生的，这需要一些特殊的假设。尽管文献有时似乎并不这样认为，但规模收益不变确实不在其中。其中最重要的假设是技术进步，无论它是如何产生的，都应该具有劳动增强的性质。类似地，如果存在规模收益递增或递减，它们一定会以一种特殊的促进劳动力发展的方式影响生产。这些特殊的假设并不是基本理论模型要求的，它们唯一的功能是使模型演化到指数级增长的稳态。如果我们可以不需要稳态，那也可以不需要这些特殊的假设，我们应该如此吗？我认为当且仅当事实表明，稳态增长对长期宏观时间序列的描述有失偏颇时，正确的答案是应该。在计算便利的现代世界，用数字计算出问题的一般答案是很简单的，而通过比较稳态可以更简单地回答这些问题。

现在我可以解释，为何还没看到我一直在开发的"干中学"扩展模型出现稳态。答案是它不存在任何稳态。而且不难看出为何指数稳态是不可能的。按照设计，有界"干中学"并不能带来生产率的无限增长。因此，稳定稳态增长无法从源头产生。离散创新过程显然不是字面意义上稳定增长的可能来源，因为创新是随机发生的。然而，这只是一个微不足道的评述。在合适的统计学意义上，产生创新的泊松过程本身确实具有稳态能力：每个工人产量的对数遵循有漂移项的随机游走。（稍后我会再次回到这一点上。）问题在于，就生产率提高的效果而言，创新带来的效果与总投资和持续改进带来的效果是混在一起的。由于它们发生的速率本质上是不同的，所以它们加起来就不是简单的指数增长，至少不完全相同。

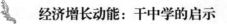

在某种无趣的有限意义上，它们可以这样做。当投资足够多时，劳动投入中纯阿罗式的那部分（即 bG^{-n} 给出的部分）基本为零，那么剩下的就是创新部分，它可以遵循随机稳态。我觉得这样是无趣的，因为没有一个简单模型可以按照字面意思去理解，并推导其极限。有这样一个对称的无趣例子：如果创新发生得足够快，使劳动投入的部分（即 $q^k B_0$ 给出的那部分）基本为零，那么模型可以接近阿罗分析的稳态。在我的脑海里，无趣＋无趣＝无趣。

考虑到上述所有情况，我们仍有可能对生产率的增长得出一些粗略的结论，即使前沿技术时常发生变化，我们也需要一直关注它。为了估计"干中学"的贡献，我们需要一个数值，即累计总投资增长率。如果增长投资一直在加速，累计总投资增长率将低于投资本身的增长率；如果增长投资一直在减速，累计总投资增长率将高于投资本身的增长率。即使稳态不可能，假设两者大致相等也可能是一个合理基准。如果共同增长率是 r，那么持续改进就会以 nr 的速度降低劳动投入。这并不完全正确，但我不知道有什么简单的方法可以准确说明。每单位产出的劳动投入是 $B+bG^{-n}$，第二项以 nr 的速度下降。下一步是仔细研究 B。

每当创新发生时，离散创新组成部分就会以系数 q

下降。创新间隔时间是一个随机变量，遵循指数分布。如果抵达率为 m，则平均创新间隔时间为 $1/m$，如果任意一年发生一次创新的可能性是 $1/5$，那么平均每五年就会出现一次创新，有时早有时晚。如果 q 是 0.9，也就是说一项创新使每单位产出的劳动力需求减少了 10%（但仅限于出现新技术的新工厂），那么我们有理由说，前沿每单位产出的劳动投入正以平均每年 2% 的速度下降，或者更普遍的说是以 $m(1-q)$ 的速度下降。

结果是每单位产出的劳动投入是两个组成部分之和，一个以年率 nr 下降，另一个以年率 $m(1-q)$ 下降。总和下降的比率是两个组成部分比率的加权平均值（$q^k B_。$和 bG^{-n}）。要记住，权重会随着时间的推移而变化，累计总投资的增长率也会随之变化。指数稳定稳态不存在的理由显而易见，我希望大家也能清楚地知道为什么这不重要。一旦确定了投资规则，模型本身就是相当确定的；输出的常数部分是精确的，但许多替代方案也是精确的。

鉴于这一规则，该模型允许计算中期增长率。（我用这样的说法再次提醒大家，不要利用模型推测太久之后的事情，以至于让一个增长因素主导了另一个因素。）有趣的问题涉及模型中各种特征的参数变化的定性影响：投资率、"干中学"的强度、创新的抵达率、创新的规模

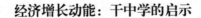

以及提高生产率的两个过程的相对重要性。如果没有便利简化的稳态，就很难用铅笔和纸张进行比较。也许有些事情可以用这种方式来完成，但无论如何，计算机模拟可以解决其余的问题。

由于重点必须放在中期增长率上，因此自然要谈谈其可变性。我将继续讨论单位产出的劳动投入，即生产力的倒数，因为这更容易。正如我已经讲过的，持续改进和离散创新在统计学上应该是独立的，所以它们之和的方差只是单独方差之和。（这也只是一个任意的简化；如果我讲述得好，设想一下这两个过程的正相关关系会很有趣。）"干中学"的部分没有明确的随机性；但是，如果由于累计总投资的增长率出现或大或小的波动，"干中学"的部分也出现或大或小的波动，这似乎是无害的。反过来，这又取决于年投资率的可变性，尽管它不是以任何简单的方式进行。或许可以这样说，不管是什么因素的不规律增长，只要它承载了持续改进的过程，就会导致该来源的生产率不规律增长。

离散创新过程的确是具有随机性的，这让我不得不坦白一件事，那就是刚才我提到的，这个来源的生产率的平均增长率是创新抵达率（m）和每个创新规模（$1-q$）的乘积，但这并不完全正确。我实际计算的是单位时间内生产率的增长，前提是创新之间的间隔是平均长度。

因为两者是非线性连接的，所以数量和平均增长率之间出现了差异。在任意长度为 T 的时间间隔内创新的数量遵循泊松分布的均值 mT，利用这一事实可以直接计算出平均生产率增长率。为了得到一个完整的论述，我刚刚作弊了，但现在我想我最好还是好好计算一下。

让我们来关注长度为 T 的某个时间间隔，比如 t_0 和 t_0+T 这一间隔。如果在这段时间产生了 x 项创新，那么 B 的比例变化近似于 B 在 t_0 和 t_0+T 之间自然对数的变化，这通过 $x\ln q$ 很容易证明。将其转化为单位时间的速率可以得到 $xT^{-1}\ln q$，这是在这段时间劳动需求下降的随机速率。其预期值是 $m\ln q$，这大约是生产率的平均增长率。（要把它与前面讲的技巧联系起来，注意 $\ln q = \ln[1-(1-q)]$，该式近似于 $-(1-q)$。）由于 x 的方差是 mT，根据泊松分布的标准性质，可以立即得到增长率的方差是 $mT^{-1}(\ln q)^2$。再次使用之前的近似值，我们正在寻找的可变性数值大约是 $m(1-q)^2/T$。如果创新是大规模且频繁的，这个数值就很大了。

细节并不重要。我只想说明，像这样的模型可以让我们掌握中期增长率、平均增长率和可变性。请记住，生产率增长的这一特征只描述了前沿技术的发展情况。对仍在使用的技术集合进行聚合是一个计算问题，但一般不是需要解决的问题。人们必须自己判断，放弃稳态

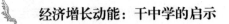

的叙述优势是否超过了额外的困难。我的感觉是，如果人们已经在存在稳态的模型中获得了大量经验，他们就可以做到。

综上所述，投资节奏越不规律，"干中学"的强度（n）越大，个体创新（$1-q$）越大，抵达率（m）越大，生产率增长率的变化幅度就越大。

我既无时间也无意愿推进这一模式。稍后我会指出我认为我从这个练习中学到了什么。然而，我有必要对这种设置中最不令人信服的方面说几句。在我看来，这是一种假设，即从"一开始"就通过累计投资来实现"干中学"。（其他人可能更倾向于假设连续的创新是相互独立的，而不是形成相互促进和支持的集群。在某些情况下，我可能会同意；但我认为这种假设是一种技术上的简化，人们一旦看到其是怎样运行的就会放弃这种假设。）

就像我之前说过的那样，设想一下每当离散创新出现时，学习过程就会重新开始，这似乎更加自然。毫无疑问，事实是中间性的：有些先前的学习延续了下来，有些则没有。只讨论极端情况就足够了，但我没有选择过于极端的情况进行讨论，主要原因不是它过于简单（尽管它是），而是一些更正式的原因，甚至过分正式了。

如果学习每一项新技术都要从头开始，那么在新技术早期阶段的成本可能会比已经很好地适应了旧技术的用户的成本要高。人们很容易理解，生产商可能会投资最新的技术，掩盖早期的竞争劣势，期待在成本下降时弥补这些劣势。毕竟，这就是学习曲线的使用方式，随着经验的积累来预测成本。为了使一项新技术具有经济可行性，必须得接纳一些不平等。例如，如果创新的抵达率非常高，旧技术的预期寿命就会相应缩短，弥补早期成本劣势的时间也会缩短。我不想考虑这些条件。也许明智的做法是不要担心这些形式。

如果用这种替代方法来控制持续改进，会有什么影响吗？我认为这是行不通的。由于反学习的抵消作用，创新后生产率的即时提高会低一些。但在创新的整个生命周期中，单位产出的劳动需求会下降得更快一些（因此生产率上升得更快），因为"干中学"部分在生产率增长中的比重大于其他部分。（从代数方法看，如果 t_k 是第 t 次创新的日期，且 $t_{k+1}>t>t_k$，那么很明显 $[G(t)-G(t_k)]^{-n}>G(t)^{-n}$。）但该模型生成的时间序列的总体外观不会发生定性改变。

我在这些讲座中的主要目标是，通过展示肯尼斯·阿罗 30 多年前的作品依然有意义而且依然是主流，来向肯尼斯·阿罗致以最高的敬意。在这样做的过程中，我希望已经向人们灌输了这样一种思想："干中学"被应用于持续改进的过程中会比它作为技术进步的工具更有意义。这让我有机会说明一个道理：持续改进是提高工业绩效的重要贡献。但美国经济界和工业界都忽视了这一点，因为它们更倾向于离散创新这一更吸引人的想法。猜猜哪一个更重要？

　　最后，也可能是最不重要的一点，我在这次探索中对新旧增长理论进行了一些探讨。我得到的初步结论是，新增长理论的价值并不在于它或多或少无偿地采用了那些假设，即通过多做一点这个或少做一点那个就很容易改变长期的稳态增长率。在这一点上，我倾向于认为，旧增长理论在理论上更有说服力、在经验上更可信。新增长理论的真正贡献在于将理论焦点转向产生技术进步的过程，这个过程既有内生的，又有外生的；既有计划和预期的，又有偶然和意料之外的。对这一过程有大量的历史和制度研究，也形成了丰富的行业经验。或许进行总结性分析的时机已经成熟了。我想肯尼斯和我会将其留给其他人。

第三章 变量和模拟

在前一章中，我概述了一个将"干中学"（或"持续改进"）和离散创新的独立随机过程结合在一起的模型。"干中学"可以相对平稳地减少每单位产出所需的劳动力，这与新资本设备的总投资率相关。创新是随机发生的；当一项创新发生时，对劳动力的需求就会急剧下降。（尽管它可以转化为一个研发模型，但它并不是一个研发模型。）

虽然这个模型很简单，但它本身并不适用于自身包含的答案。这并不奇怪。即使是在第一章中描述的阿罗模型，也不容易做到细致处理，除非是在稳态下。扩展模型没有稳态，这就排除了用稳态视角看待它的方式。

下一步自然是对扩展模型进行蒙特卡洛模拟，本章将沿着这一思路报告一些结果。一旦数值模拟成为研究工具，就有可能在小的方式上进一步增强通用性。我已经以某些方式利用了这种自由，当这些方式具有相关性的时候我会对其进行描述。

基本模型由上一章的方程（1）和方程（2）给出，进一步说明 $B=B_0 q^k$，其中 B_0 和 q 是常数，k 是抵达率为 m 的泊松过程到目前为止记录的事件数，也是一个常数。在重复模拟中需要跟踪的数量是最近年份资本的生产率水平（单位劳动产出）。在前一章使用的符号中，这个量是 $a[bG^{-n}+B_0 q^k]^{-1}$。令 B_0 和 a 等于 1，此时并没有造成普遍性的数据损失，我也采用这一做法。因此，生产率为 $[bG^{-n}+q^k]^{-1}$。与离散创新相比，改变参数 b 相当于改变了持续改进的重要性。记录总体生产率需要在每个时刻对所有年份的资本使用取平均值。我没有采取最后一步，因为我相信，这一模型的特殊性会在"最佳实践"生产率的演变过程中体现得更清楚。

在完全增长模型中，截至时间 t 的累计总投资［即 $G(t)$］是内生的，$G(t)$ 取决于产出的时间路径以及在消费和投资之间分配产出的规则。但因为我主要对这种技术变革的特殊性感兴趣，所以我只是简单地选择了

$G(t)$ 的外生路径。首先，令 $G_t = G_{t-1} + x_t^* (1+r)^t$，其中 x_t 是均值为 1 且给定标准差的独立正态分布变量，r 是一个类似 0.03 的常数。换句话说，总投资的增长就像一个（按比例）随机扰动的几何级数。实际上，在第一组实验运行期间，G 表现出非常平滑的几何增长。

为了测试模型的大小，我在图 3-1a 和图 3-1b 中展示了运行 100 次的结果，每次运行 50 个周期，参数 $b=1$，$n=0.33$，$m=0.2$，$q=0.95$。也就是说，"干中学"需要耗费传统 1/3 的力量，平均每五年发生一次创新，每次创新都能提高 5% 的生产率。图 3-1a 显示了一些样本运行结果。图 3-1b 给出了生产率增长最快的运行、生产率增长最慢的运行、所有 100 次运行的点状平均值，以及平均值两侧的标准差群。

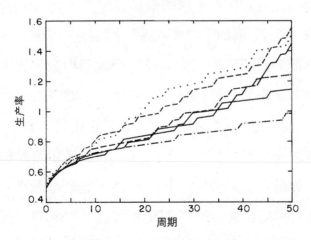

图 3-1a　样本运行 （$b=1$，$n=0.33$，$m=0.2$，$q=0.95$）

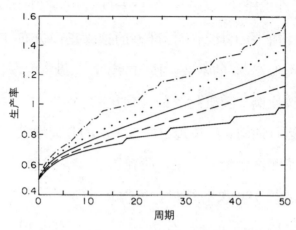

图 3 - 1b 最快、最慢、平均和标准差

($b=1$, $n=0.33$, $m=0.2$, $q=0.95$)

　　最初的 10 或 15 个周期应该可以忽略，因为初始条件的影响正在逐渐消失。到 50 个周期运行结束时，最快的运行已经达到了比最慢的运行高一倍以上的生产率水平。当然，这是相当平稳的平均运行，在 50 个周期后已经实现了 1.25 倍的生产率水平。标准差约为 0.1，因此两个标准差范围将相当大。我选择这组参数是因为样本轨迹对我来说似乎可以显示沿着生产率路径合并的适当程度。显然，产生其他特征并不是什么诀窍。如果 q 或 b 较小，或 m 较小，或 G 较为平滑，生产率的增长将不太规律。如果 m 大一点，q 小一点，r（投资增长率）大一点，生产率增长就会加快。图 3 - 2a、图 3 - 2b 与图 3 - 1a 和图 3 - 1b 相似，只是 b 从 1 增加到 2。这就给更平

滑的持续改进过程提供了更大的权重，从而既让生产率
轨迹更平滑了，也减少了一些可变性。由此我得出的唯
一结论是，该模型相当灵活。它显然可以通过提供"恰
当"的增长率和生产率路径的平滑程度被校准。

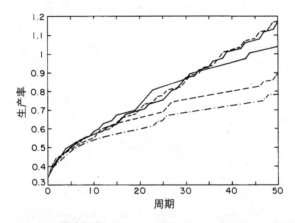

图 3-2a　样本运行（$b=2$，$n=0.33$，$m=0.2$，$q=0.95$）

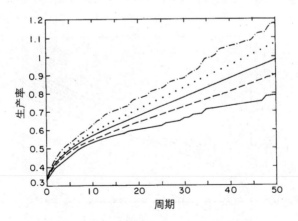

图 3-2b　最快、最慢、平均和标准差

（$b=2$，$n=0.33$，$m=0.2$，$q=0.95$）

为了之后的比较，我引入了图3-3a和图3-3b。在这两个图中，我回到了$b=1$，保留$n=0.33$，但现在$m=0.5$，$q=0.98$。$m(1-q)$没有发生变化，但现在创新出现得更频繁了，而且每一次创新都更小了。不管我留给其他变量的是足够还是太多，结果是轨迹变得平滑。

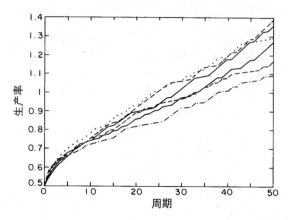

图3-3a 样本运行（$b=1$，$n=0.33$，$m=0.5$，$q=0.98$）

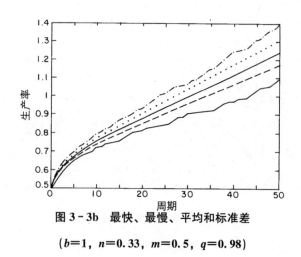

图3-3b 最快、最慢、平均和标准差

（$b=1$，$n=0.33$，$m=0.5$，$q=0.98$）

现在我在考虑进行一个简单的概括。到目前为止，我一直假设每一项创新都是相同的"规模"。也就是说，每项创新都会使每单位产出的劳动力需求减少相同的比例，即 $1-q$。在图 3-1a、图 3-1b 以及图 3-2a 和图 3-2b 中，q 都为 0.95。现在我假设，每当创新发生时，q 的值都是来自一个固定的概率分布，因此有些创新相比其他创新更重要。这里我将 q 的值设为 1.0、0.98、0.95 和 0.90，概率分别为 0.1、0.2、0.5 和 0.2。q 的期望值或者说它之前的常数值是 0.951。因为 $1-q=0$ 发生的概率为 0.1，所以 1/10 的创新是无效的。从本质上讲，允许一个随机的 q 出现只是增加了一个在生产率逐期增长中的可变因素。图 3-4a 和图 3-4b 便是这种情况。轨迹的范围稍微宽一点，但也不是很宽。（当然，如果需要，可以允许 q 的取值范围更大一些。）在最后这些图中，$b=1$，$m=0.2$。

为了给这个模型提供更多的支撑，我在图 3-5a 和图 3-5b 中重现了参数集合略有不同的结果。现在，每秒钟就会有一项创新（$m=0.5$），但这些创新相当小。（$q=0.98$，所以一项创新会带来 2% 的生产率提升。）"干中学"指数（n）由 0.33 提高到 0.5，因此持续改进对投资更加敏感。最后，投资路径变得更加不规律。如图 3-5c 所示，$G(t)$，即累计总投资的路径变得更加不

规律，这些轨迹在我看来都是"真实"的。这种设置在
平均生产率路径周围产生的标准差略小。

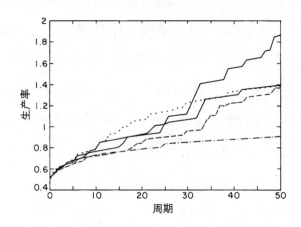

图 3 - 4a　样本运行（$b=1$，$n=0.33$，$m=0.2$，q 值随机）

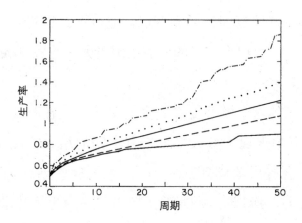

图 3 - 4b　最快、最慢、平均和标准差

（$b=1$，$n=0.33$，$m=0.2$，q 值随机）

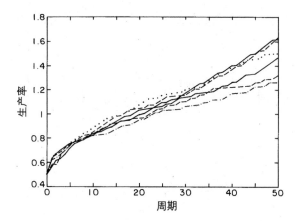

图 3-5a 样本运行（$b=1$，$n=0.5$，$m=0.5$，$q=0.98$）

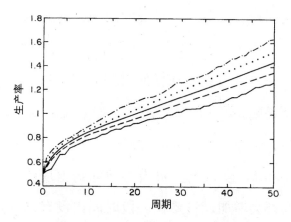

图 3-5b 最快、最慢、平均和标准差
（$b=1$，$n=0.5$，$m=0.5$，$q=0.98$）

现在我尝试从基本模型出发，提出一个更有意义的概念。到目前为止，创新过程的抵达率一直是一个常数。如果我们只考虑"重大"发明，这可能是合理的。一般来说，人们会认为创新发生在集群中，每次创新都会刺

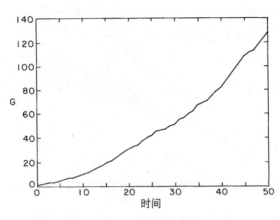

图 3 - 5c 累计总投资

激下一次创新。这是一个复杂的问题，不能用简单的算法来解决。然而，出于好奇，我尝试了以下简单的算法。首先从 $m_0 = 0.5$ 开始，在任何时期 t，如果在 $t-1$ 时期发生创新，则 $m_t = (1+u)^* m_{t-1}$，如果在 $t-1$ 时期没有发生创新，则 $m_t = (1+u)^{-1*} m_{t-1}$。这里 u 是一个数字，如 0.05，0.1，或 0.15。每当一项创新出现，另一项创新的机会都会增加；只要在一段时间内没有创新，出现另一项创新的可能性就会降低。其他参数是 $b=1$，$n=0.33$，$q=0.98$。

现在结果的有趣表示是运行 100 次轨迹的图（每个时间长度为 50 个周期）。单个路径无法区分，但整体才是最重要的。图 3 - 6a、图 3 - 6b 和图 3 - 6c 显示的是 $u=0.05$、0.1 和 0.15 的结果。图 3 - 6a 看起来或多或少像是一个分散的路径集合；然而仔细观察，我们可以发现有一组具有大量创新的高路径，也有一组创新（即飞跃）不那么频繁的低路径。在图 3－6b 中，这种区分更加清晰，事实上，很少有路径能处于中间位置。在图 3－6c 中，这种模式非常明显。到 $t＝20$ 时，轨迹分为成功轨迹和不成功轨迹。早期的成功催生了后来的成功；早期的失败会不断重复。在从 $t＝15$ 到 $t＝50$ 的 35 个周期内，成功的路径大约使它们的生产率翻倍，而失败的路径则增加了大约 1/4 的生产率。

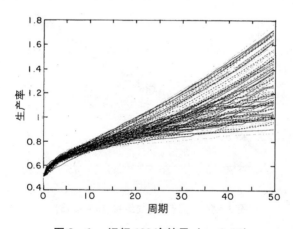

图 3－6a　运行 100 次结果（$u＝0.05$）

这种机制是完全透明的而且非常简单。对此机制我仅想做以下评述：这种机制可以为技术方面的"大推动"政策提供论据。如果有人知道如何做到这一点，那么一个在低端经济中漂移的经济体可能（也许）经过深思熟

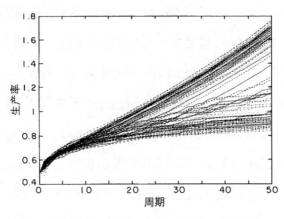

图 3-6b 运行 100 次结果 ($u=0.1$)

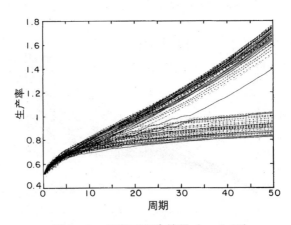

图 3-6c 运行 100 次结果 ($u=0.15$)

虑的活动提高创新率从而转移到高端经济中。

在这种机制中很容易做出微小的改动。例如，可以引入一种不对称性：当创新发生或者不发生时，乘数并非是 $(1+u)$ 和 $(1+u)^{-1}$，而是 $(1+u)$ 和 $(1+v)^{-1}$。或者，可以给 m_t 设上下界以避免出现难以控制的情况。这些实验的结果我就不详述了，因为它们的结果会正如人们所期望的那样。

虽然这些讲座的重点都适当地放在"干中学"上，但在这些蒙特卡洛实验中所探索的大多数变化都是对创新过程的阐述。我不确定为什么应当这样。我想最大的可能是，这些可能性已经被阿罗的原始和简易的公式所束缚，导致模型本身几乎没有改动的余地。参数 n 的变化有可预测的结果。b 的变化只是改变了"干中学"和在提高生产率过程中进行的更多传统创新的相对权重。就我而言，这似乎是最有趣的开放问题：我们看到的有多少是持续改进，有多少是由研发引发的技术创新？这个问题的答案肯定与旨在加快生产率趋势的政策决定有关。这个问题不太可能通过计算机模拟模型找到答案，但模拟对于改进模型以及寻找合理可行的实际的经验检验是有益的。至少这就是我认为它们值得执行的原因。

正是这种思路才导致了下一步的实验报告。阿罗模型的一个显著特点是：它将生产率增长的特殊来源与普通资本投资相联系。那么，自然而然就引出了一个问题——生产率趋势对投资趋势的敏感性。（提示：这与增长理论问题关于产出中储蓄-投资比例与稳态增长率之间的关系无关。正如第一章所示，阿罗模型可以是旧增长

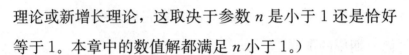

理论或新增长理论，这取决于参数 n 是小于 1 还是恰好等于 1。本章中的数值解都满足 n 小于 1。）

这一联系是通过下面的方法得出的，该方法是将每台计算机的运行时间从 50 个周期延长到 100 个周期，每组的运行次数从 100 次增加到 200 次。仅仅是出于演示的原因：我列入了一些直方图，当样本容量达到 200 时，它们看起来更好。对于每次运行的前 50 个周期，总投资的路径与之前一样，尽管会受到随机比例干扰，但每个阶段总投资仍然会增长 3%。然而，从第 51 个周期到第 100 个周期，投资增长率会变得更高或更低，然后我们的目标是观察投资的加速对生产率趋势有什么影响。（显然，这回避了增长理论的问题。因为在旧增长理论中，其困难就在于如何创造和维持投资的加速增长。）

在这些模拟中，标准参数是 $b=1$，$n=0.33$，$m=0.2$，q 本身是随机的，其平均值为 0.95。我并没有展示轨迹本身，而是在第 100 个周期结束时复刻了“标准化”生产率的直方图。以这种方式表示的频率分布值是 200 次独立运行在 100 个周期后所达到的生产率水平。（“标准化”指的是在每种情况下，生产率水平是相对 $t=10$ 时的水平；这样做是为了减弱初始条件的影响。）

图 3-7a 描述了 100 个周期中每个时期投资增长率为 3% 的基本情况，其分布的中心在 2.5 和 3 之间，并

且范围相当广泛。图 3-7b 的不同之处在于，投资增长率在第 51 个周期开始从每年 3％下降到 1％，并一直保持到结束。在我看来，分布的范围变化很小，而且分布的频率明显向左偏移。一个清晰的方法就是比较两个直方图中数字 3 右侧和数字 2.5 左侧的频率。我没有给出后一半周期中投资每期增长 2％的相应直方图，但它与图 3-7a 几乎没有区别。有趣的是，图3-7c 描述了更进一步的情况：后一半周期中的投资增长率将提高到 5％，其结果是直方图明显向右移动，特别是在数字 4 这一点上的累积开放式频数数据中明显可见。其分布的中心在数字 3 附近，甚至略高一点。（在中间部分，每期的投资增长率转变为 4％，也显示出对生产率趋势的显著影响。）

那么这一反应是大还是小呢？我宁可不回答，至少不要用如此简单的模型来回答。图 3-7a 和图 3-7c 之间代表性生产率增益在 50 个周期内可能达到 20％～25％，每期大约是 0.5％。如果模型的单位周期是一年，那么将生产率趋势每年加快 0.5％是一项重大成就。但是，投资增长从每年 3％持续增长到 5％可能是无法实现的，所以我们不能假装这样的讨论是现实主义的。关键是"干中学"模型对总投资的速度有一定的敏感性。

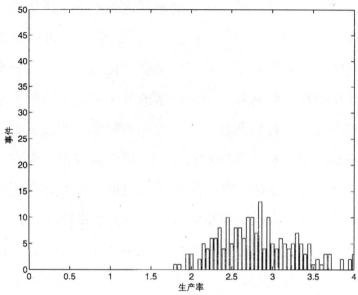

图 3 - 7a 运行 100 次后的标准直方图（g 以 3％的速度增长）

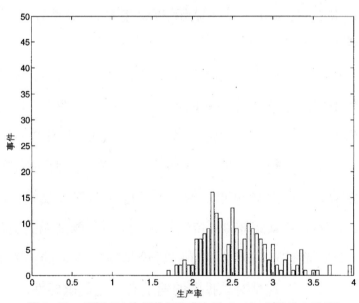

图 3 - 7b 运行 100 次后的标准直方图（g 以 1％的速度增长）

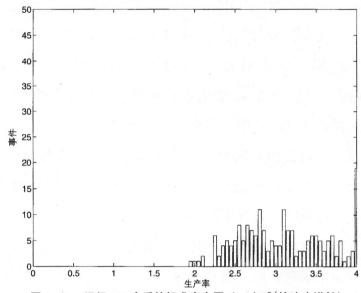

图 3-7c 运行 100 次后的标准直方图（*g* 以 5% 的速度增长）

我们应该记住，在这些模拟中，随机创新过程一直在发生。因此，"干中学"的效果被其他提高生产率的来源削弱了。这些影响在纯粹的"干中学"模型中会更加明显。我将在不展示相应直方图的情况下进行报告：适当调整"干中学"过程的参数，可以增强投资率的敏感性。例如，如果把 *b* 增加到 2，那么与外生创新相比，"干中学"的权重会更大；或者如果把 *n* 增加到 0.5，那么随着累计投资的增加，劳动力需求更容易下降，加速投资对最后时期直方图的影响会更加明显。

作为整个模型的最后一次实验，我把已经探索过的两种变化结合起来。我从创新的抵达率本身取决于过去经验这一点开始。其中 $m_0 = 0.5$，所以在最初任何时期创新的概率都是 50%。$v = u = 0.05$，创新发生后，抵达率上升 5%，而在没有发生创新的一段时间内，抵达率下降 5%。但是给 m_t 增加了 0.8 的上限和 0.2 的下限：如果抵达率到达上限（下限）并"想要"更高（更低），它就被限制在相应的界限上。除此之外，标准参数 $b = 1$，$n = 0.33$，$q = 0.98$。因此，$m(1-q)$ 的起始值为 0.01，这是创新过程生产率的平均增长率。

正如前面所看到的，这是一种模式，其轨迹往往被二分为"成功"和"相对不成功"的增长路径。这是因为创新的出现孕育着模式的成功，而创新的缺失会导致未来的创新更不可能。大家应该清楚地认识到，这个模型的参数化夸大了轨迹向两端的分离。这是因为初次抵达率高达 0.5，第一阶段的成功将抵达率推高至 0.525，一次失败则会将抵达率降低到 0.475。这已经是一个明显的差异了。如果初次抵达率是 0.1，那么成功后的第二阶段抵达率将为 0.105，失败后是 0.095，在概率上没有这么大的区别。当然，这样夸大是为了让这种分离清晰可见。

利用这个模型，我现在尝试进行这样的实验：在前 50 个周期内，投资以每个时期 3% 的平均速度增长，在随后的 50 个周期内，投资以较慢的速度（每期 1% 或 2%）或较快的速度（每期 4% 或 5%）增长。相比之下，有一种运行模式是投资以每期 3％的速度持续增长，然后有 5 组 100 周期的运行，每组包含 200 次运行。在每次运行中都存在两个随机因素：创新抵达率的演化以及投资序列的比例扰动。

结果显示在五个直方图中，图 3-8a、图 3-8b、图 3-8c、图 3-8d 和图 3-8e，对应第 51 个周期至第 100 个周期的加速增长率。图中所示的频率分布的数量是每次运行时 $t=100$ 的生产率水平与 $t=50$ 的生产率水平的比值。我的想法是，通过"干中学"，看看投资的加速如何影响生产率的增长。前 50 个周期的目的是在推行不同的实践之前让模型适应 3％的投资增长。

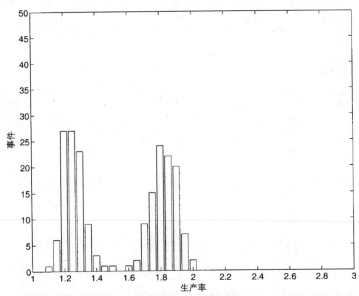

图 3-8a　第 100 个周期与第 50 个周期之比（g 以 1％的速度增长）

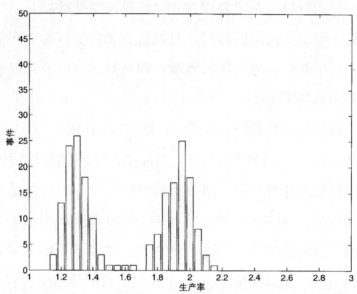

图 3 - 8b　第 100 个周期与第 50 个周期之比（*g* 以 2% 的速度增长）

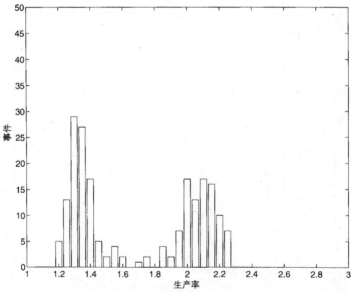

图 3 - 8c　第 100 个周期与第 50 个周期之比（*g* 以 3% 的速度增长）

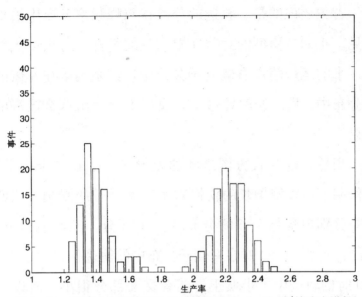

图 3 - 8d 第 100 个周期与第 50 个周期之比（g 以 4% 的速度增长）

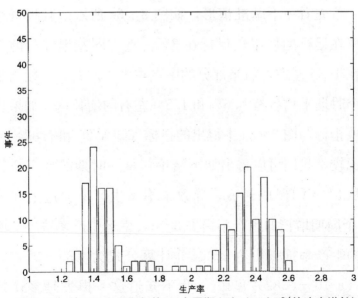

图 3 - 8e 第 100 个周期与第 50 个周期之比（g 以 5% 的速度增长）

首先要说的是，轨迹的分离在双峰频率分布中清晰可见。正如从模型的对称性中期望的那样，每组中大约有一半的运行落在右侧的子分布中，其余则落在左侧的子分布中。我已经解释过了，模型不会得出这么极端的结果。

当然，这些直方图之间的差异显示了在"干中学"的作用下，投资增长的快慢对生产率增长的影响。我们只能分别观察每个双峰分布的两个部分。顺便说一下，不能保证在 $t=50$ 时在右侧子分布中的轨迹仍包含于 $t=100$ 时的轨迹中。事实上，两者交叉部分很小，所以忽略这一部分不影响结果。

首先看一下基准情形，如图 3－8c 所示，其投资增长率在运行的后半段保持在 3%。直方图左半部分的中点在 1.35 左右，右半部分的中点在 2.1 左右。这相当于两个时期平均各有 0.6% 和 1.5% 左右的增长率。如果将这些指标与图 3－8a 中得出的指标（即 1.25 和 1.82）进行比较，我们可以得出如下结论：每一时期的投资增长率从 3% 到 1% 的转变，导致了不幸生产率轨迹上在第 50 个周期增长的生产率损失 30%，幸运生产率轨迹上增长的生产率损失则为 25%。［计算公式为 $(35-25)/35$ 和 $(1.10-0.82)/1.10$。］我不知道这一损失是多还是少；但我们知道我们研究的是总投资暴跌的情况。图 3－

8b 对应的投资增长率是 2%，其运行结果大概落在图 3－8a 和图 3－8c 的区间内；这并无特别之处。

类似地，观察图 3－8e 可以得出相同的结论。直方图左侧分布的中点约为 1.45，右侧分布的中点则大概在 2.35 到 2.4 之间。因此，如果投资增长速度从每个周期的 3% 加速到 5%，那么对于不幸轨迹，50 年的生产率效益将增加约 30%，对于幸运轨迹，50 年的生产率效益将增加约 25%。再看图 3－8d，也就是投资增长速度为 4% 的情形，其效益结果位于图 3－8c 和图 3－8e 之间。这些效益都非同小可，但我认为其中的寓意是"干中学"具有旧增长理论的特点，需要大量投资才能略微提高一点生产率。

这些直方图中的离差非常显著，幸运组和不幸组之间的差别非常大。在图 3－8c 中，左右分布中点的距离意味着幸运轨迹的平均生产率水平比不幸轨迹的平均生产率水平高 55%，这意味着约三倍的增长。但我们故意放大了这种差距，在幸运组和不幸组中也存在许多离差。幸运组中的幸运轨迹比幸运组中的不幸轨迹的生产率水平高 20%～25%，这意味着在 50 个周期内大约增长了 50%。在增长较低的组内，上尾的生产率比下尾的生产率高三分之一，50 个周期内的增长对照比例在 20% 和 60% 之间。

由于这些只是模型计算，我主要从中得出了方法论的结论。首先，我将"干中学"模式理解为"持续改进"。自阿罗提出这种模式以后，该理论几乎没有被修正过。光是因为"干中学"理论能够实际衡量持续改进和传统创新两者间的独立贡献这一点，该理论就值得进一步发展。（让你们看看正在萌芽发展的一组矛盾！）更重要的是，制度变革可能会促进"干中学"的发展。制度变革的过程不应像阿罗提出来时那样机械，也不能像我所描述的那样死板。这种制度变革的激励机制不一定要与研发激励机制相同。如果正如某些人认为，成熟行业更具有持续改进的特征，而新兴行业更具有自主创新的特征，那么这种交互可能会很有趣。

其次，我希望在这些讲座中阐述的组合模型能够成为内化提高不同生产率增益来源的好工具。显而易见的是，创新抵达率，或许还有规模参数，都应被纳入模型中。依我个人拙见，不论是在持续改进还是自主创新中，都需要给偶然性和（或）外生性留一些空间。

这些就是阿罗系列讲座的内容。我希望这些讲座能表明，如果正确看待，一个通俗的好主意会非常有用。

第四章 经济增长政策

　　斯图克系列讲座是为了纪念斯图克而设立的。之前的大多数演讲者，或许是所有演讲者，都将注意力牢牢地集中在欧内斯特·斯图克所处的现实世界上。他们是思考者，但他们的思考重心一直放在做出决定、讨论和发起行动方面。

　　这一次，相关专家邀请了一位理论家来做斯图克讲座。该理论家的注意力集中在一个虚拟的世界上，其目标是理解关于这个世界的一切。大多数理论家希望他们构建的特定世界能够折射出一部分现实世界的缩影，尽管不可能是完整的现实世界缩影。构建的世界也是有缺陷的，它可能是一份不可靠的现实世界指南，就像一张大尺寸地图不会告诉你其中所显示的森林遍布毒藤。但

建构的虚拟世界也有一个好处，就是你可以完全理解它，而现实世界则过于复杂，要完全理解现实世界是不可能的。

当然，现实世界只有一个，但经济理论家可以创造的虚拟世界却有无数个。不是所有的虚拟世界都有趣或有用，有时理论家建构世界的想象力会过于丰富。任何人，无论是实干家还是理论家，都有权认为虚拟经济应具有一些特征，而这些特征使这种虚拟经济成为对真实世界合理简化的模型，但虚拟经济并非如此。区分模型和现实的差别是一门艺术，但又远非艺术。有些模型看起来确实比其他模型更真实。虽然这些模型永远无法复制现实，但至少可以检验它们是否产生了一些正确反应，比如洋娃娃喝水之后会变湿。在检验中，很快就能否定掉一些虚拟世界。还有一些虚拟世界则足够真实而得以继续，就像以电池为动力的敲鼓的兔子仍然在运转。

所以，就像吉米·杜兰特（J. Durante）曾说的那样，"这就是获胜的条件。"我在这里代表的是许多经济学家，他们研究了是什么让模拟经济增长，研究了平均短期波动后，是什么主导了经济发展。我的任务是告诉大家我们了解到的内容：什么是长期经济增长机制，推动一方经济稳健增长而阻碍另一方经济停滞不前的力量又是什么。在努力产生一定结果后，我想我们应该能够辨别推动和阻碍经济增长的政策。

在一个简化的、模拟的经济体中，人们可探讨的政策范围也相当简单，该经济体只需要用一些相当笼统抽象的术语来描述。制定经济政策的任务永远不会交给理论家，因为好的政策必须因地制宜，考虑现实世界的居民和一些特殊因素。但我认为，在制定和实施经济增长政策或者其他政策时，不能不征求理论家的意见。为什么这么说？因为实干家们对于基本联系不够重视，他们不记得髌骨连接着股骨，股骨连接着髋骨，所以他们没有充分赞美上帝的智慧。

在开始讲述我的故事之前，我要强调一个重要的限定条件。我探讨的是经济增长，不是经济现代化，也不是经济转型（从低收入且增长停滞的农业和手工业主导的经济到实行复杂的劳动分工、由运行良好的市场网络协调且收入不断提高的产业经济的转型）。我是在产业经济的基础上去研究其经济增长。我所知道并能够运用的工具并不能回答另一个问题：贫困和原始经济一开始是如何过渡转型到这一轨道上的？至少我是这么认为的，就像一些经济学家那样，当不恰当地使用这些工具时，他们通常会得出疑问重重或愚蠢的答案。我认为的虚拟经济可能是巴西或葡萄牙这样的经济，在上下误差几个百分点的基础上，其1988年的人均国民生产总值仅相当于美国 1985 年以国际价格衡量为 37 608 美元的人均国民生产总值的三分之一。但我不认为圭亚那、津巴布韦或孟加拉国会达到该水平，这几个国家的人均国民生产总值大概为美国水平的 6.5% 至 8.5%（由萨摩斯和赫斯顿估算）。

即使是东欧转型的起步阶段，也准确无误地表明，经济发展依赖于现代市场经济的制度建设和态度建设。这包括制定良好的、被普遍接受的产权框架，执行合同，拥有大量的市场机构（如能够吸收存款、评估信贷质量和拥有风控部门的金融机构）。而构成这些制度的基础是不可缺少的态度看法：总的来说就是对工作、对创业的态度，以及对客观经济活动的看法。为了更好地理解以上内容，你会更自然地转向马克斯·韦伯（Max Weber），而不是研究现代经济增长的理论家寻找答案。我假设这些态度建设、制度建设都已经到位，问题是什么决定了经济增长的速度和模式，而不是什么导致了经济转型。

我们讨论经济增长时，到底什么才应该增长？尽管人口增长可能很重要，但我对于人口增长没有什么特别要说的。我们要考虑人均增长，无论是人均产出的增长，还是人均就业，或是单位小时的工作产出，甚至是资本和自然资源等生产要素的单位增长，这些都有待讨论。

只要我们意识到已经做出的具体选择，这些生产力的衡量方法中的任何一种都适用于大多数情况。人们会以不同的方式看待人均国民产出的增长，这种增长是通过吸引人们从学校、家庭或退休中进入活跃劳动力市场增加每周工作时间，或"纯粹"地提高生产力来实现的。一般来说，除非我特别指出，我说的增长是指每小时工作产出的增长。

另一个歧义可能更令人困惑。将经济增长和经济周期的繁荣期混为一谈并不明智。在新闻写作和政治辩论中，年比或季度比的国民产出增加经常被描述为"增长"。但其实有些产出的增加源于对闲置资本和闲置（即使是雇佣的）劳动力的运用。当然，有时经济会出现逆转，产出下降。这些波动与经济增长过程中的变化有很大的不同。造成变化的原因不同，所以产生的结果也不同，出现的波动需要采用不同的政策进行调节。我所说的经济增长，是指生产能力的提高，而不是产出的增加。有时，我们或许能够区分一个经济体的潜在产出和实际产出。经济周期存在于实际产出围绕给定的潜在产出趋势的上下波动。增长可以说是具有潜在趋势，而增长导向型政策则是旨在影响该潜在趋势的政策。

最后，还有一个与"长期"一词有关的更微妙的区别。当建立模型的经济学家从技术上探讨经济增长时，他们通常考虑的是一种"稳态"，或在很长一段时间内以还算稳定的速度持续增长。他们知道永续增长是不可能的，但在一些有趣的问题中，"永远"和"很长时间"没有太大区别。我们现在设想一个完全不同的情况，假设一个经济体的生产力水平是恒定不变的，然后一些事情的发生（比如电脑的发明）使得生产力开始提高。我们知道，生产力会达到一个新的高于之前生产力水平的稳定水平并保持恒定，重大发明影响的这一增长过程可能需要30年甚至更长的时间。如果你看一下年增长率，增长会从零开始，逐渐或突然上升到正值，然后开始回落，30年后再次降至零。

我们该如何描述这个过程呢？当然，我刚才描述得还是比较准确的，或许不需要赘述了。我们应该把上述增长模型归类为短期增长还是其他类型？首先，这肯定不是一个稳态增长，因此稳态理论并不适用。我并不反对把这一过程归类为短期增长，这种一次性的生产力进步是非常宝贵的。如果增长比较可观，那么探讨短期增长可能是有益的宣传。但是，如果这样做，我们必须记住，增长率开始下降至零不应是我们谴责这种情形的原因。增长率下降不一定是败笔，而是生产力从一个稳定水平上升到一个更高的稳定水平的必经过程。实现新的稳定水平和实现可以长期依赖的更高增长率是有区别的，精准措辞就是为了表现出这种区别。

20 世纪 50 年代和 60 年代发展起来的现代经济增长理论影响了当时普遍被认为相当保守的政策。这可能是一种错误导向的评价，但在当时看来的确如此。基本结论是，国民经济的长期稳态增长率可以用两个指标之和来表示。第一个是以总工作时间来衡量的就业增长率。第二个是"技术进步"的速度，但众所周知这个概念非常宽泛，它包括组织系统运行状况的变化、教育水平、工人激励、市场配置资源（包括劳动力和资本）的效率变化。（这个时代的标志是，自然资源对经济理论不会产生什么影响。但在 20 世纪 70 年代，人们还是会关注自然资源，当时的石油输出国组织就是印证。）根据这一理论，这种广义的技术进步是每小时工作产量增加的唯一永恒来源。

我换一种说法可能会更容易明白。我们可以构建一个多少还算完整的国家生产投入清单，包括技术水平的投入。只有部分投入或全部投入的持续增长才能实现产值的持续增加。当强调每小时的概念时，每小时工作产出的持续增长只能通过部分或全部投入的持续增长产生，但这些投入却不包含技术水平。产生这种差异的原因是一种自然假设，即技术不同于其他投入，将技术用于更多的工人或工时上时，技术不会"耗尽"。

技术进步意味着从技术水平层面带来增长。如果可以单独衡量劳动力质量和资源配置效率的变化，并将其纳入投入清单，那么技术进步指标就可以从这些要素中提取出来，并被限定成狭义的技术因素。但是，除了在机器操作、过程控制和材料方面进行以工程为基础的传统改进外，在组织生产方面的改进也至关重要。

类似的论证可以得出这样的结论：持续的生产力增长也可以来源于人均人力资本存量的增长和人均普通厂房和设备存量的增长。因此，加速增长的政策必须以促进人力资本或物质资本的持续增长为目标。如果这是正确的说法，那这就是这个理论的悲观之处了。

事实证明，要保持物质资本存量的增长率永久提高并非易事。假设资本收益递减，这是一个经济学术语，这种说法也有个通俗表述，即假设在劳动力和自然资源固定的基础上投入越来越多的厂房和设备，生产模式会向资本密集型靠拢。如果在上述情况下，持续投资的盈利能力越来越小，那么著名的收益递减规律就适用了。事实证明，人均资本增长都有一个上限，这个上限就是技术进步的速度。该上限表现在以下方面：一个国民经济如果试图保持其资本存量的增长速度，则会被迫将越来越多的投资投入国民生产。除非通过临时借款，其投入不可能超过其全部产出。在这一阶段到来之前，投资盈利能力的下降肯定会叫停资本密集度不断提高的进程。在相对较短的时间内，加速经济增长超过"自然"极限是不可能的。

这一点很重要，所以我要用另一种方式来表述。对其经济增长速度不满意的经济体可能会提出提高其投资占国民生产总值的比重来改善其经济增长表现。如果之前投资占GNP（国民生产总值）的20％，那么之后投资可能就会占到GNP的25％。任一提高投资盈利能力的政策都可以实现以上增幅：比如降低企业税收，直接补贴私人投资，或许还会以增加公共投资为辅助手段。该理论认为［（至少目前的）大多数经济学家也这样认为］，这种国家投资占比的提高，只会在我前面提到的快速"短期增长"阶段中出现。促进经济增长的政策确实会立即提高整体增长率，但增长率最终还是会回落到和之前一样的水平。投资越多，经济体就会越富有，这种收益的表现形式就是人均收入水平的提高，但人均收入提高的速度不会增长。我想强调的是，用更高的储蓄比例来换取更高的收入水平是非常值得的。结果可能是人均消费的增加，且人均消费还会像从前一样增长。只是民众草率的要求和政治候选人更为草率的承诺，使得这种回报与提高增长率这种不可能实现的愿望相比显得微不足道。

　　看起来对物质资本适用的东西也应该适用于人力资本。两者看起来很相似，事实可能确实如此，同样的命题也成立：无法通过加速人力资本存量的增长来实现永久增长率的加速。"生产"额外人力资本、劳动时间和其他资源方面的成本增加会阻碍这样的尝试。但这种类比可能不是那么合适。人力资本的积累似乎更多是质而非量的问题，人们会获得更多的新技能而不是旧技能。当然，我们总是说要更注重教育或培训，但我们似乎衡量的是对教育或培训过程的投入，而不是教育和培训的输出。对于这一点我不太确定，我只想提一种可能性，即人力资本的积累，就其自身的生产或就其在商品生产上的应用而言，其所遵循的法则与那些支配物质资本的法则截然不同。因此，通过加速人力资本积累来维持经济较快增长，可能是一种可行的方案。人们不应该想当然地认为这样可行，不确定性不是盲目乐观的理由。对人力资本持保守悲观的态度或许是一种谨慎的做法。

　　类似的论证也暗示了物质资本的不确定性。资本强度的增加通常伴随着资本货物质量的变化，而不仅仅是数量的变化。因此，也许即使这样，收益递减的假设也不是那么可信。经济理论试图通过将资本货物质量的提高或不同性质的资本货物视为技术变革的一个方面来解决这一难题。当成本更高的新机器取代了旧机器时，资本存量就会提高，而这种"新"所带来的效应就会以某种方式被纳入更高水平的技术。我不想假装说这是一个简单或精确的程序，这个问题争议颇多，但这是一种近似的方法，也是目前开展这项工作的唯一方法。如果以这种方式（即区分"更多"和"更好"）处理物质资本是公平的，那么同样的方法用于人力资本可能也适用。不幸的是，我们几乎没有任何经验可供参考。即使人力资本有收益递减倾向，它在经济增长过程中的重要性也能为一些致力于永久提高收入水平的政策提供参考，尽管这些不是提高增长率的政策。

在所有这些条件下，战后经济增长理论得出的结论是，在某种程度上，技术进步速度的加快是经济增长持续加速的唯一动力。因此，致力于长期加快经济增长的政策必须以追求能够应用于工业生产的技术水平的稳步提高为目标。其中一些技术可能来源于对世界上其他地方科技领导者的模仿，还有一些可能是将实验室里的已知技术更快地应用于工厂，但最终都必须来源于技术知识的加速积累。

我们都知道在技术创新的过程中存在着偶然因素。就像雷电一般会攻击一些安装有避雷装置的高大建筑物，但是不会因为这些地方安装有避雷装置就自动攻击它们。我们都知道偶然只是这个过程的一部分，其余的都是人为努力且代价高昂的要素，必须以人和物的形式调动和使用资源。付出越多，就越可能成功，即使人们不确定能达成什么目标。因此，以经济增长为导向的政策应该有所作为。政府在组织和资助研究方面发挥直接作用，可以使研究这种投资对私营部门来说更有利可图，就像其他形式的投资一样。

然而，我们对技术创新的过程和将新技术转化为更高生产力的过程都所知甚少。对创新投入更多的人力和资源会迸发新的创新点，这一点无人质疑，但投入和产出之间的比例关系就是另外一回事了。怎样才能使技术以每年提高 1‰ 的速度进步提升，并长期保持下去呢？任何敢于回答这个问题的人都是在冒险。这里有政策依据吗？我想有。几乎可以肯定的是，私营企业在研发方面的投资水平要低于全社会曾经和现在都希望达到的水平。对研发的投入越多越好，因为回报肯定是更高水平的生产力，而生产力提高的好处非常广泛，但其益处无法精确地计算。我想也没有人能够准确说出某个研发项目将使人均国民生产总值增加 x 个百分点，或者说另一项目将使现有生产力的增长率每年提高 y 个百分点。

我不知道该结论是否令人灰心，但从经济学家的观点来看，确实如此。当然，人们愿意或希望用精确的计算来取代模糊的概念。然而，从政策制定者的角度来看，该结论并没有那么令人灰心。他们仍然可以制定明智的政策——而保守曾被认为是一种美德。

到目前为止，我一直在描述旧增长理论（也就是 20 世纪 50 年代和 60 年代的增长理论）对经济增长政策的看法。我尝试粗略地总结一下，我会重新回到潜在产出趋势这一概念。潜在产出趋势是一个经济体一直以某种正常或理想产能利用率或某种可接受的失业率运行所能达到的指标。用人均产出或每小时工作产出来衡量潜在产出是比较合适的。该理论区分了使潜在趋势曲线上移的政策和改变潜在趋势曲线斜率（即增长率的改变）的政策。结论是，那些旨在提高资本形成率甚至是人力资本形成率的财政政策或管制政策的常规影响，可以使潜在趋势曲线上移，但不会改变其斜率。国家投资占 GNP 的比例持续提高只会带来短期的增长加速。当前消费减少的回报将是未来某个时间开始的消费水平的永久提高。要改变潜在趋势曲线的斜率需要提高技术进步的速度。一些政策或许能够完成这个目标，比如促进研发，鼓励创业，也许还有祷告。这些政策的益处会很大，但其成功程度是不确定的，可能本质上来说就是不确定的。对政策的回应将是正确的，但由此带来的经济增长加速效果是大是小、是暂时还是永久，就不得而知了。

在这种情况下出现了两种以经济增长为导向的政策

选择。一是旨在暂时提高增长率，认为提高潜在趋势是目标所在，是非常重要的，还有几个政策也都朝着正确方向发展：增加投资就能获得成功，包括增加厂房和设备投资；通过教育和培训进行人力资本投资；增加在交通、通信、研发和信息流等基础设施方面的公共投资。二是追求长期且更高的增长率。因此，该理论认为，只有研发和创业是一条候选路径，而人们无法确切甚至大概知道要实现可衡量的加速稳态增长具体需要什么条件。

这个新出现的问题值得一提。有技能的人可以迁移，而新技术则可以更快地迁移。因此，一个国家增加投资会使其他国家受益，比如人才外流；或者可以使其他国家和发源国家同时受益，比如技术模仿。经济活动全球化意味着，即使是一整个国家，也许都不够大，不足以将"外部性内在化"，也无法从自己的投资中获得大部分回报。这就是为什么（例如）现在有关知识产权的争端与有关传统贸易壁垒的争端一样突出。你可以想象三种情形：关于知识产权将达成令人满意的协议，或者找到某种方式以国际化所有的成本（不包括最狭义的专有研发成本），或是在技术领域做好严格的保密和保护措施。前两种情形中的任何一种都比第三种更可取，但没人能保证世界会朝着这个方向发展。

我一直在谨慎探讨 20 世纪 50 年代和 60 年代的增长

理论，即旧增长理论。最近，也就是自 20 世纪 80 年代中期以来，出现了新增长理论，其与旧增长理论得出的结论大不相同。所有经济学家都知道，新增长理论的先驱是保罗·罗默（Paul Romer）和罗伯特·卢卡斯（Robert Lucas），但现在还有非常多的学者对其做出了贡献。对于新增长理论的新内容，通常的说法是，增长率是"内生"的，这仅仅意味着它是理论内部所决定的，而不是给定的。这里内部决定指的是，在旧增长理论中，稳态增长率本质上是由技术进步速度决定的，但对这一点没有进一步的解释。我认为给稳态增长率打上技术进步速度的标签是弄错了重点。旧增长理论的理论家都不相信技术进步速度独立于经济决策和经济事态。但是，对于如何确定技术进步速度，他们没有非常具体的说法，只是把它视为给定的。然而，我之前提到的研发决策却能够在任何时候毫无疑问地提出。

新增长理论的真正新颖之处在于每一个版本（有几个版本）都建立在关于生产的有力假设之上，这些假设认为投资决策对增长率会产生很大的影响。关键假设几乎都否定了某些可累积的生产要素是收益递减的。

有些版本的假设非常直接：一些模型假设物质资本的收益递增。这意味着，增加资本集约度不仅不会耗尽产出最多和收益最高的投资机会，反而会创造出产出更多、收益更高的投资机会，尽管投资者或许只能获得一小部分收益。有些版本的假设则相对间接：一些模型假设人力资本（或知识）的产出收益递增，虽然在其使用人力资本的过程中并没有出现收益递增。例如，可以假定典型工人每周投入教育或培训的时长持续增加，将永久性地提高由此产生的人力资本的增长率。有时关键假设还是很有辨别力的：在一些模型中，收益递增的来源不是数量，而是生产投入的多样性。例如，假设只要将固定"数量"的中间投入再细分为更多类，最终产出就可以无限增长。在我见过的所有例子中，这个有效的假设是相当有力的。

有力的假设会得出有力的结论。新增长理论的研究成果为经济增长导向型政策提供了广阔的空间。这里出现了两种结果。首先，它体现为国家投资占比（比如说，在物质资本方面的投资）的持续增长，可以创造经济增长率的永久增长，而旧增长理论对这一点则持否定观点。不同之处在于，有些情形接受收益递减的观点，而在另一些情形中该观点则可能不被接受。如果新增长理论正确（这一点有待商榷），那么通过税收或者公共支出政策来促进投资将直接而永久地提高增长率。

第二种结果也非常令人震惊。旧增长理论的一个观点是，任何有利或不利的事态，只要是暂时的，都不会对经济最终的长期路径产生影响。只要对于资本利润的临时税收增加这一事实不改变，投资和经济增长就会被抑制。但取消增税后，经济就会逐渐回落到增税前的水平。同样，由于战争或自然灾害造成部分资本存量损失，经济体必然更加贫穷。但是，该经济体会再次逐渐恢复到灾难没有发生之前的稳态，这可以被称为诺亚定理（Noah's Theorem）。在较新的模型中，这种情况不再成立。即使是暂时性的投资不利冲击或一次性的资本（或人力资本）损失也会留下巨大的伤痕，永远无法愈合，甚至可能恶化。假设有两个完全相同的岛屿经济体，其中一个因一场风暴损失了四分之一的资本存量，而另一个则逃过了这场风暴，那么这个幸运的岛屿在人均收入上可能比另一个岛屿拥有永久性的、不断扩大的优势。我们应该永远记住，好杠杆和坏杠杆总是相伴而生。

这些模型会让政策变得既有力又危险。即使我们牢牢记住，"永久"和"持续"等词语只意味着"持续很长时间"，但如果新观点正确，政策（和偶然性）对经济产出的杠杆作用是巨大的。更重要的是，与旧模型相比，具有强大杠杆作用的政策范围要广得多。依据新模型建模方式的不同，对物质资本、人力资本或容易提高创新活动水平的投资可能意味着长期内会出现增长加快或放缓的区别。任何人都知道经济增长率出现的任何显著差异如果持续很长一段时间，都会累积成收入水平的巨大差异。

新增长理论在分析经济学家中广受欢迎。就其本身而言，这只意味着新理论能考验经济学家的智慧，令人兴奋。经济学家们可以研究各种新的模拟经济，然后用其解释或试图解释部分经济生活，而这部分之前没有被纳入经济分析的范围。新研究结果的影响力使得判断得出这些结果的有力假设是否正确变得更加重要。在得出政策结论之前，我们必须决定是否接受这些假设或这些假设的基础。事实上，很难想象这些假设如何被直接验证。

正如我所强调的，所有关键假设似乎都要求某些经济活动的收益不是递减的。这对于单个行业或流程来说很难进行测试，即使进行了测试也可能无法解决相关问题。当然，有些过程收益递减，有些过程收益递增。问题是，递增和递减哪一个更好地近似代表了整个经济？一些我们需要理解其本质的活动本身就很难定义和衡量，所以这也是经验知识的另一重障碍。对于旨在创造人力资本、可用技术知识、生产投入或消费品多样化的活动来说，尤其如此。我不清楚做这类测试的任何重要尝试，也不知道有什么令人信服的证据，可以令一个通常持怀疑态度的人接受或自信地拒绝这些强有力的假设及其影

响。经济学的趋势是尝试解决一些间接的问题和我们能
看到的棘手问题。同时，怀疑主义——真正没有偏见的
怀疑主义——似乎才是正确的态度。

结合各种情况产生了一种旨在揭示经济增长有效源
泉的新研究。一种情况就是我一直在讨论的新增长理论
的出现。如果你认为增长率对公共和私人经济决策反应
灵敏，那么在经济增长记录中找到这些影响的痕迹应该
相对容易。当然，这需要有记录可查。

下面是第二种情况。目前我们能得到涵盖许多国家
三四十年经验的大量数据。使用来自各个国家的数据的
好处是，这些国家的情况各不相同。因此，观察到的政
策和环境多样性将比任何一个国家在其统计历史上所经
历的都要丰富。对于诸如私人行为、国际影响和偶然事
件等非政策差异也是如此。同理，观察不同的国家还是
很有用的，因为如果你能同时观察干旱国家和多雨国家，
而不仅仅是观察同一国家的丰水年和枯水年，那么降雨
量差异对作物产量的影响将更容易辨别。

使用这些数据的缺点是可能无法在某些重要的维度
下比较不同国家。穷国的经验可能不适用于富国，或者
农业国的经验可能不适用于工业国。开放经济体的经验
对于相对自给自足的经济体可能不适用。具有强烈“统
合主义”制度国家的经验可能也不适用于非同类型的经

济体。对于这类问题，我们能给出的唯一答案是，尝试能否取得一致且有意义的结果。每一个可能的差异都可以转化为明确的假设进行检验。

造成国际不可比性的另一个潜在原因是纯粹的统计问题。数据收集的方法不同，价格指数的种类不同，有时甚至一些定义也不相同。如果我们试图检验的影响是相当细微的，那么这些统计问题就很容易掩盖掉这些影响。好消息是，目前有两组可供比较的国际收入和产值的统计数据。一组数据来源于世界银行，另一组来源于罗伯特·萨默斯（Robert Summers）和艾伦·赫斯顿（Alan Heston）这两位美国学者，他们提供了多达138个国家30年的数据，甚至将数据质量进行由A到D的分级。坏消息是，这两组数据有时会出现不一致。但是，这两组数据是我们广泛的经验知识的唯一来源，这两组数据表明了什么呢？

首先，让我来描述一下为了找到答案我们需要做些什么。假设你有一份清单，包括你的饮食习惯、环境特征、遗传因素，或许还有其他因素，所有这些因素都可能对癌症等疾病的发病率产生影响。你需要找到一些方法来评估这些因素的相对重要性。你可能会做的一件事就是收集信息，包括世界上一些国家在某个共同时期内癌症发病率的信息，以及关于每个其他特征的信息，比如饮食中的肉食比例、烟草的摄取量、阳光直射情况、皮肤色素沉着等。众所周知的统计技术可用于计算各个国家的癌症发病率与这组国家特征之间的相关性，也可用于估计每个特征的重要性。当然，通常情况下，你无法通过这种方式得到癌症发病率的完整"解释"；还有很多无法解释的因素。但是你能够知道个大概了。

可以用相同的典型过程来解释各国经济增长率的差异。首先从各个国家的 GDP 或人均 GDP 的增长率开始，并选择足够长的时期进行平均，以消除短期波动的影响。其他变量取自经济增长理论提出的清单：厂房、设备和基础设施的投资率，人力资本投资率——通常用入学率衡量（该数据并不能准确衡量人力资本投资情况，但该数据较易获取），或许还有一些 GDP 的产业构成的数据。通常情况下，还包括初始收入水平。根据旧增长理论，较贫穷的国家比其他国家增长更快，因此这些国家更容易进步。（你可能对此感到惊讶，但事实往往如此。）

有趣的是，许多研究包括描述性特征，这些特征与经济增长率几乎没有或根本没有理论联系，但确实衡量了经济政策的有序性和条理性，如这一时期的平均通货膨胀率、一个国家的外债规模、预算赤字或盈余，甚至是直接衡量政治稳定或不稳定的数据。通常，这些研究涉及的国家范围包括了从非常贫穷的欠发达国家一直到富裕的工业化国家，主要是出于这个原因，我猜想这些描述性政治特征发挥了重要作用。通常与实际增长负相关的高通货膨胀率既是政府失控的标志，也反映了快速（因此是可变的）通货膨胀会干扰市场机制在配置资源方面的表现，同时产生了减少投资数量和降低效率的风险。

首先必须指出的是，这些统计分析最终并没有解决新旧增长理论之间的争论。在我看来（我的观点可能不是中立的，因为我毕竟是一位旧增长理论家）国际记录表明，没有迫切的需要去援引新观点。没有这些新观点，我们也能以满意的方式来解释这些数据。（有一个非常有趣的修正：按传统方式衡量的劳动力对产出增长的贡献中有一半更具体地说可能是人力资本的贡献，另一半则属于某种"标准"劳动力。）但这些数据也与新增长理论的观点相当吻合，尽管可能不符合新增长理论中更具爆炸性版本的观点。对于各国历史上的横截面数据是不确定的这件事也无须感到惊讶。首先，国际增长率差异的部分原因是特殊的、非系统性的因素，一点好运气或者坏运气，就像各国的癌症发病率差异一样。其次，新旧增长理论的对比不是非黑即白的区别，两者中间有一块灰色区域，而在这个区域内，很难对二者进行区分。

无论这个理论问题最终如何确定，这些研究都毫无疑问地表明，在二三十年的时间跨度上，物质投资、人力投资和智力投资对经济增长都至关重要。问题在于这些投资的作用程度和持续时长。即使是 30 年也不足以区分经济增长是短期加速增长还是增长率本身的增长。一个想要加速经济增长的社会必须更快地增加物质资本和人力资本存量，并加快新技术应用于生产的进程。回报不一定有多大，而且有多少回报也是不确定的（但确实有回报）。我认为，如果用增强趋势的承诺来替代提高增长率的承诺，将有利于政策讨论的精准性和完整性。我还没有想出一个朗朗上口的词语来形容这种趋势的增强，但这个词语应该是受欢迎的。关于增长率的讨论应该等到它有了更可靠的基础之后。（也许这就是我要说的地方，所有承诺都应该比过去更加注重环境和资源约束。我不想被误解。我认为这些约束是非常重要的，特别是在一个富国和穷国的发展非常不平衡的世界。我没有强调环境和资源的约束，只是因为我没有什么新的内容可以讲。）

国际横截面研究通常表明，财政和货币秩序，包括低通货膨胀、有限外债、合理的预算立场，都与经济增长正相关。这听起来比实际情况更有意义。这并不意味着，如果美国或法国的财政政策稍微收紧一点，它们的经济就会自动增长得更快，或者其增长趋势会增强。这似乎意味着，非洲和拉丁美洲国家的增长表现比基本面

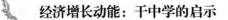

显示的要差。这些大陆比其他大陆经历了更多的通货膨胀、债务和财政浪费。在阅读这些证据时，我们提倡保守。因为证据的范围有限，而且统计结果本身并不可靠。这意味着模型中非常细微的变化——细微到不会有人将其视为原则性问题——通常会导致统计分析所描述的情形发生实质性的变化。我们不可能对观察到的相关性背后的本质问题非常肯定。

对于发达经济体来说，一个恰当的解释是，合理的宏观经济政策的有利影响主要通过投资发挥作用。也就是说，因为通货膨胀不利于投资，所以通货膨胀不利于经济增长；因为宏观经济稳定有利于投资，所以宏观经济稳定有利于经济增长。这就是"信心"这类模糊概念的实质。出于良知，我必须重申，这些从国际比较中得出的推论都是不可靠的。而确实稳妥的是物质、人力和技术投资的重要性，以及旧增长理论的结论，即当考虑投资和技术时，工业国家中存在以下趋势：即略贫穷国家的经济能够追上略富裕国家的经济。

只要要求不是太多，这些结论就足以为经济增长导向型政策奠定足够的基础。我说的"要求太多"指的是单独的两点。一是过分追求精准或是承诺精准。多年来，经济学家们已经学会了如何思考经济增长，甚至已经能够得出一些重要的定量结果。但政策与行动之间、行动与增长之间的联系是不确定的，而且很可能一直是不确定的，这并非是因为经济学家们愚蠢，而是因为生活本就如此。一个发展成熟的民主国家应该明白，可以通过投资和技术开发来追求经济增长，但不能确切地知道何时会取得收益，也不知道收益究竟有多少。选民的过分要求和候选人的轻率承诺并不利于高增长率政策的承诺。

二是过分专注于潜在趋势曲线的斜率，而不是增强该趋势。这可能会证明新增长理论的主要观点是正确的。在这种情况下，它也许会为强有力的政策方案指明道路，但我们对这种情况不抱有信心。就目前而言，一个成熟的民主国家应该认识到，控制潜在趋势曲线斜率（即持续的增长率）的力量是复杂的，主要是技术性的，甚至还有点神秘。我们所知道的是如何将潜在趋势提高几个百分点。即使斜率保持不变，这也是一个不小的成就。以定值美元来衡量，它的绝对价值会随着时间的推移逐渐增大。根据萨默斯和赫斯顿的研究，墨西哥的人均实际 GDP 是美国的 40％。对墨西哥人民来说，缩小这一差距甚至缩小一半的差距，都将是历史性成就，也是 30 年甚至更长时间内值得实现的目标。无论是在墨西哥还是在美国，现实的政策目标能否成为可行的政治纲领都是一个有趣的问题。我希望我知道答案，但你为什么要问一个理论家？

文献注记

显然，起点是以下论文：Kenneth J. Arrow，"The Economic Implications of Learning by Doing," *Review of Economic Studies* 28（1962）：155 – 173。进一步的理论发展可以在以下两篇论文中找到：David Levhari，"Further Implications of Learning by Doing," *Review of Economic Studies* 33（1967）：31 – 38，以及 David Levhari，"Extensions of Arrow's Learning by Doing," *Review of Economic Studies* 33（1967）：117 – 131。一些额外的理论来源于 Eytan Sheshinski，"Tests of the Learning-by-Doing Hypothesis," *Review of Economics and Statistics* 49（1967）：568 – 578，尽管理论不是主要的关注点。

经验学习曲线可以追溯到 20 世纪 30 年代的工业工

程文献。我记得最早的经济学参考文献是：Werner Hirsch，"Manufacturing Progress Functions," *Review of Economics and Statistics* 34（1952）：143-155。另一篇重要的实证论文是：Armen Alchian，"Reliability of Progress Curves in Airframe Production," *Econometrica* 31（1963）：679-693，它反映了在兰德公司（RAND）的工作对阿罗的启发。最近一项优秀的应用调查来自以下论文：Linda Argote and Dennis Epple，"Learning Curves in Manufacturing," *Science* 247（1990）：920-924，其中包含了广泛的参考书目。

关于这一观点在其他经济学分支（劳动经济学和产业组织学）的应用参见以下论文：Sherwin Rosen，"Learning by Experience as Joint Production," *Quarterly Journal of Economics* 86（1972）：366-382，以及 Drew Fudenberg and Jean Tirole，"Learning by Doing and Market Performance," *Bell Journal* 14（1983）：522-530。最后，回到初始的经济增长理论构建，参见 Alwyn Young，"Learning by Doing and the Dynamic Effects of International Trade," *Quarterly Journal of Economics* 106（1991）：369-406，以及大多和这些讲座密切相关的论文：Alwyn Young，"Invention and Bounded Learning by Doing," *Journal of Political Economy* 101

（1993）：443－472。

本书还引用了一些额外的资料来源：Philippe Aghion and Peter Howitt, "A Model of Growth Through Creative Destruction," *Econometrica* 60（1992）：323－351；Robert Solow, James Tobin, Christian von Weizäcker, and Menachem Yaari, "Neoclassical Growth with Fixed Factor Proportions," *Review of Economic Studies* 33（1965）：79－115；Robert Summers and Alan Heston, "The Penn World Table（Mark 5）：An Expanded Set of International Comparisons, 1950—1988," *Quarterly Journal of Economics* 106（1991）327－368。

译者后记

大多数人对索洛教授的认识来源于宏观经济学教科书关于经济增长理论的部分，作为新古典学派的代表性人物，人们将其在经济增长理论方面开创的新研究称为"索洛模型"。本书，正如作者所说，其起点是阿罗教授那篇关于"干中学"的经典论文，但同时也包含了索洛教授关于经济增长理论的重要内容，有助于我们更进一步了解新古典学派关于劳动、资本等要素对于长期经济增长的均衡条件、动态机制，以及相关变量的作用机理。

索洛认为好的经济学研究包含了三项训谕：保持简单——现实生活的复杂性使得简单的模型非常必要；使其正确——将经济概念翻译为精准的数学，确保之后的逻辑运算都能得到准确的执行和查证；让它合理——一个模型可能从机械上来讲是正确的，却毫无启发作用，因为它"并不完美地适合于标的物，它会掩盖关键交互，因此与感兴趣的现象保持合理的联系至关重要"。本书的内容很好地体现了这三项训谕。

索洛关于经济增长的模型认为，经济增长的贡献来自劳动（人口增长）、资本（储蓄）和技术进步，在储蓄率相对稳定而人口增长放缓或停滞的情况下，技术进步是经济长期增长的决定性因素。那么，离散的技术进步是如何在连续型生产函数中发挥作用从而推动经济增长的？本书的内容对此给出了解答。

最后，本书虽有较强的专业性，但语言风格相对于学术论文较为轻松，希望大家在阅读中享受知识带来的快乐。本书由四川省社会科学院经济研究所陈耿宣副研究员、西南财经大学会计学院朱章耀副教授和刘洋副教授翻译，书中如有疏漏与不足，恳请诸君斧正！

图书在版编目（CIP）数据

经济增长动能：干中学的启示 /（美）罗伯特·默顿·索洛著；陈耿宣，朱章耀，刘洋译 . -- 北京：中国人民大学出版社，2023.1
（诺贝尔经济学奖获得者丛书）
ISBN 978-7-300-30996-5

Ⅰ.①经… Ⅱ.①罗… ②陈… ③朱… ④刘… Ⅲ.①经济增长-研究 Ⅳ.①F061.2

中国版本图书馆 CIP 数据核字（2022）第 182289 号

"十三五"国家重点出版物出版规划项目
诺贝尔经济学奖获得者丛书
经济增长动能：干中学的启示
罗伯特·默顿·索洛　著
陈耿宣　朱章耀　刘　洋　译
Jingji Zengzhang Dongneng：Ganzhongxue de Qishi

出版发行	中国人民大学出版社			
社　　址	北京中关村大街 31 号		**邮政编码**	100080
电　　话	010 - 62511242（总编室）		010 - 62511770（质管部）	
	010 - 82501766（邮购部）		010 - 62514148（门市部）	
	010 - 62515195（发行公司）		010 - 62515275（盗版举报）	
网　　址	http://www.crup.com.cn			
经　　销	新华书店			
印　　刷	涿州市星河印刷有限公司			
规　　格	160 mm×235 mm　16 开本		**版　　次**	2023 年 1 月第 1 版
印　　张	6.5 插页 2		**印　　次**	2023 年 1 月第 1 次印刷
字　　数	52 000		**定　　价**	42.00 元